역사 속 세기의 로맨스

2013년 12월 12일 초판 1쇄 인쇄
2013년 12월 20일 초판 1쇄 발행

글 박시연 / 그림 유수미
펴낸이 이철규 / 펴낸곳 북스
편집 이은주 / 편집디자인 이종한

편집부 02-336-7634 / 영업부 02-336-7613 / FAX 02-336-7614
전자우편 vooxs2004@naver.com / 등록번호 제 313-2004-00245호 / 등록일자 2004년 10월 18일

주소 서울특별시 광진구 자양 4동 52-197번지 2층
값 10,800원
ISBN 978-89-6519-064-6 74800
     978-89-6519-043-1 (세트)

잘못된 서적은 구입하신 서점에서 교환하여 드립니다.
이 책은 저작권법에 의해 보호를 받는 저작물이므로 불법 복제와
스캔 등 무단 전재 및 유포·공유를 금합니다.

이 도서의 국립중앙도서관 출판시도서목록(CIP)은 서지정보유통지원시스템 홈페이지(http://seoji.nl.go.kr)와
국가자료공동목록시스템(http://www.nl.go.kr/kolisnet)에서 이용하실 수 있습니다.
(CIP제어번호 : CIP2013025723)

역사 속 세기의 로맨스

8 살라딘과 시벨라

글 박시연 그림 유수미

vooxs북스

'세기의 로맨스'는 말 그대로 세계가 놀랄 만한 로맨스를 다룬 글입니다.
　주인공 이지가 타임 슬립을 통해 과거의 시공으로 떨어지고, 그곳에서 '헨리 8세와 앤 블린', '샤 자한과 뭄타즈 마할', '원효대사와 요석공주' 등 역사에 기록될 만한 강렬하고도 아름다운 사랑을 나눈 주인공들을 만나 함께 기뻐하고 슬퍼하며 사랑을 배워간다는 내용입니다. 이렇게 과거에서 만난 친구들을 통해 사랑의 진정한 의미와 가치를 깨달으며 이지는 조금씩 성장합니다. 그리고 이런 성장을 바탕으로 현실세계에서 자신을 무던히도 괴롭히지만 때때로 묘한 분위기로 헷갈리게 만드는 킹카 중의 킹카 주노와의 사랑을 가꾸어 나갑니다.
　세기의 로맨스는 물론 로맨스를 중심으로 하는 시리즈입니다. 하지만 그 시대에 살았던 주인공들의 삶과 사랑을 현실세계에서 온 이지의 눈으로 지켜보고 느끼면서 당시의 역사에 대해 자연스럽게 배우게 됩니다. 그들의 사랑 자체가 역사가 되는 것이지요.

　우리 학생 독자들에게 로맨스는 언제나 중요한 관심거리일 겁니다. 누구나 한 번쯤은 밤하늘의 별을 올려다보며 시크한 왕자님과의 사랑을 꿈꾸고, 또한 거리를 걷거나 지하철을 타고 가다가 첫 사랑과의 우연한 재회를 꿈꾸기도 했겠지요. 세기의 로맨스를 펼치는 순간, 여러분이 기대하는 그런 설렘을 만날 수 있습니다.
　더불어 그들이 어떻게 그런 사랑을 하고, 어떻게 그런 행복 혹은 비극을 맞았는지 그 역사적 배경까지 알게 된다면 더욱 흥미진진하지 않을까요?

박시연

머리말 _6

남자 둘, 여자 하나 _11

폭우 속의 조난 _27

외인부대의 소년 전사 살라딘 _48

피라미드의 대지를 찾아서 _74

예루살렘 왕국의 여왕 시벨라 _96

지루한 공성전 _118

너와 나의 오아시스 _142

위대한 승리자 살라딘 _164

부록 이슬람 세계의 영웅, 살라딘 _189

독자 여러분께

* 이번 이야기는 앞서 나온 이야기와는 달리 주인공들의 관계가 '픽션'임을 밝힙니다.

'살라딘과 시벨라'는 실제로 사랑한 사이가 아닙니다. 12세기 3차 십자군전쟁을 승리로 이끈 아랍의 영웅 살라딘은 여자관계가 거의 알려진 것이 없습니다. 그래서 어쩔 수 없이 예루살렘 성을 놓고 살라딘과 일전을 벌였던 기독교왕국의 시벨라 여왕을 살라딘이 사랑한 연인으로 설정했습니다.

살라딘은 몇 배나 많은 병력으로 거의 무방비 상태의 예루살렘 성을 포위한 상태에서 시벨라 여왕에게 수차례 편지를 보내 항복을 권유했고, 성을 함락시킨 이후에도 여왕과 그녀의 백성들에게 어떤 해도 가하지 않은 채 유럽으로 돌아갈 수 있는 배가 기다리는 트리폴리 항구까지 자신의 군대로 호위해 무사히 돌아갈 수 있게 해주었다는 기록이 남아 있습니다. 여기에서 힌트를 얻어 살라딘이 혹시 시벨라 여왕에게 특별한 감정을 품었던 것은 아닐까, 생각하게 되었답니다. 이 이야기는 작가의 상상이란 사실을 잊지 말아주세요.

* 살라딘은 '살라흐 앗딘 유수프 이븐 아이유브'라는 긴 이름을 가지고 있습니다. 십자군운동 당시 그와 맞섰던 기독교인들이 그를 부르던 발음이 살라딘이었고, 그 이름이 유명해진 것이지요. 이 책에서도 살라딘으로 칭하니 독자 여러분의 양해 바랍니다.

1
남자 둘, 여자 하나

다음 날 이지는 농장을 떠나 서울로 돌아왔다. 하지만 필립의 저택으로 돌아가지 않고, 집으로 향했다. 지친 얼굴로 돌아온 이지를 엄마가 안아주었다.
"우리 딸, 어서 오렴!"
엄마는 할 말이 많은 것 같았지만 이지는 부러 하품을 했다.
"엄마, 나 피곤해."
"그래, 그럼 쉬렴."
지친 몸으로 침대에 누우며 이지는 한숨을 푸욱 쉬었다. 침대에 눕자마자 주노의 얼굴이 자동으로 떠올랐다.
"한 번만 더 기회를 줘. 다시는 엄마나 다른 사람 때문에 너를 힘들게 하지 않을게."

바람에 흔들리는 풀잎처럼 마음이 우수수 흔들렸다. 이반과 아나스타샤를 만나고 돌아온 이지는 사랑을 잃은 슬픔과 고통이 얼마나 대단한지 알고 있었다. 아나스타샤를 잃고 서서히 무너져가는 이반을 지켜보며 그녀도 주노를 떠올리지 않았던가.

"어쩌면 선배에게 한 번 더 기회를 줘야 할지도……."

다시는 하주노 때문에 힘들어하지 않겠다고 결심한 사실을 망각한 채 이지가 중얼거렸다. 필립의 서글픈 얼굴이 떠오른 것은 그때였다. 서울로 돌아오는 기차 안에서 필립은 주노와 나란히 앉아 있는 이지에게 말 한 마디 걸지 않고 차창 밖만 응시했었다.

"……이제 와서 필립을 배신하고 주노 선배에게 돌아갈 순 없어. 필립이 나를 위해 얼마나 노력해주었는데."

주노와 필립의 얼굴이 나란히 떠올라 머리 주변을 빙글빙글 맴돌기 시작했다. 이지가 이불을 끌어올려 얼굴을 완전히 덮었다.

"몰라! 몰라! 남자라면 지긋지긋해!"

짧은 잠에 빠졌던 이지가 핸드폰 벨소리에 깨어났다. 창문을 통해 들어오는 한낮의 햇살이 눈부셨다. 정신을 차리려고 머리를 절레절레 흔들며 일어선 이지가 책상 위에 놓인 핸드폰을 잡았다.

"여보세요?"

"이지니?"

"아, 안녕하세요, 어머니?"

이지는 저도 모르게 침대 위에서 무릎을 꿇었다.
"그래, 어딜 다녀왔다고?"
"치, 친구네 시골집에 좀 다녀왔어요."
"그렇구나."
잠시 뜸을 들이던 이 여사가 낮게 깔리는 소리로 말했다.
"우리 잠깐 만날까?"
"예? 아, 예."
"오후에 집으로 좀 와 주면 좋겠구나."
"알겠습니다."
통화를 끝내며 이지는 핸드폰을 잡은 손바닥에 땀이 흥건히 고여 있음을 알았다.

주노의 저택 앞에 도착한 이지는 묘한 기분을 느꼈다. 단 며칠이 지났을 뿐인데, 저택이 너무 낯설게 느껴졌기 때문이다. 이때 대문이 열리며 이 여사와 큼직한 캐리어를 든 운전기사가 나왔다.
"오, 이지구나?"
"어머니, 어디 가세요?"
"실은 오늘 프랑스로 돌아가게 됐단다."
"……?"
놀라 눈을 동그랗게 뜨는 이지를 향해 이 여사가 씁쓸하게 말했다.
"주노의 방송 복귀까지는 보고 가려고 했는데, 지난 토요일에 펑크를 내는 바람에 그냥 가게 됐구나."

"주노 선배가 방송을 펑크냈다고요?"

"주노가 말하지 않은 모양이구나? 필립의 누나들로부터 네가 필립과 할아버지의 농장으로 갔다는 말을 듣자마자 뛰쳐나갔단다."

"그럼 선배는 이제 어떻게 되나요?"

"방송을 통한 복귀는 당분간 어려울 거야. 가을 콘서트를 통해 솔로로 복귀하는 방법 밖에 없겠지."

"아아……."

안타까운 표정을 짓는 이지를 이 여사가 나직이 불렀다.

"이지야."

"예."

"너한테 사과하고 싶구나."

"!"

"너와 주노가 얼마나 서로를 좋아하고 있는지 이제는 알겠다. 너희는 순수한데, 어른인 나만 색안경을 끼고 바라보았지. 그 바람에 모처럼 화해할 수 있었던 우리 모자 사이도 다시 최악이 되었어. 엄마가 떠난다는데 주노는 나와 보지도 않는구나."

"죄송해요. 괜히 저 때문에……."

"네 잘못이 아니란다."

이 여사가 고개를 세차게 가로저었다.

"모든 게 나의 잘못이야. 내가 주노의 행복을 망쳤어."

눈물을 글썽이는 이 여사를 이지가 위로했다.

"너무 섭섭해 마세요. 주노 선배는 어머니를 진심으로 사랑하고 있어요."

"그렇게 말해주니 고맙구나. 이렇게 착한 너를 왜 그리 못살게 굴었는지 모르겠다."

이 여사가 이지의 볼을 어루만지며 말했다.

"염치없지만 부탁 하나만 해도 될까?"

"말씀하세요."

"주노는 복귀를 간절히 원하고 있어. 당연히 가을 콘서트는 반드시 성공해야겠지. 그러려면 주노 곁에는 네가 있어줘야 할 것 같구나."

"으음……."

"나와 약속해줄 수 있겠니?"

이 여사의 마음을 상하게 하고 싶지는 않았지만 이지는 선뜻 대답할 수 없었다. 고개를 살짝 끄덕이는 것으로 이 여사를 안심시키는 것이 이지가 할 수 있는 전부였다.

"정말 고맙구나."

그것만으로도 다행이라는 듯 이 여사가 이지를 힘껏 안아 주었다.

"그럼 가을 콘서트 때 보자꾸나."

이 여사가 승용차 안으로 들어갔다. 차창 밖으로 얼굴을 내민 이 여사와 이지가 눈인사를 나누었다. 차가 출발하자 이 여사가 손을 흔들며 소리쳤다.

"주노를 외롭게 두지 말아줘! 부탁한다, 이지야!"

승용차가 시야에서 완전히 사라질 때까지 이지는 그 자리에 우두커니 서 있었다. 한참만에야 이지가 저택을 뒤로하고 돌아섰다.

"후우. 진작 저렇게 예뻐해주셨으면 얼마나 좋아?"

쓸쓸히 중얼거리며 돌아서던 이지가 우뚝 멈춰 섰다. 그리고 저택을 돌아보며 한동안 고민했다. 이지가 마침내 결심한 듯 대문으로 다가가 벨을 눌렀다.

"이지야!"

대문을 열고 나온 주노가 이지를 발견하고 반색했다.

"그러지 않아도 오후에 너희 집에 가 보려고 했어."

"중요한 건 그게 아니에요."

"무슨 말이야?"

"어머니를 저렇게 보낼 거예요?"

"!"

"지금이라도 공항에 가 봐요."

"싫어."

"왜요?"

"네게 좋은 남자친구가 되어주지 못한 건 다 엄마 때문이야. 그러니까……."

"핑계 대지 말아요!"

이지가 빽 소리치자 주노가 움찔했다. 주노를 째려보며 이지가 힘주어 말했다.

"선배가 만약 내게 못되게 굴었다면 그건 다른 누구도 아니고 선배 자신의 잘못이에요. 그러니까 남 탓 그만하고 빨리 엄마한테 달려가 보라고요. 이대로 보내면 선배는 분명 두고두고 후회하게 될 거예요."

"이지야……."

이지의 얼굴을 멍하니 보던 주노가 그녀의 손을 와락 잡았다.

"그럼 같이 가자!"

햇살이 쏟아지는 거리를 주노는 흰색 스쿠터를 몰고 달렸다. 주노의 등 뒤에는 이지가 타고 있었다. 두 사람은 출국 시간 직전에 아슬아슬하게 공항에 도착할 수 있었다. 그러나 사람들로 북적이는 로비에서 이 여사의 모습은 보이지 않았다. 주노가 어깨를 축 늘어뜨렸다.

"엄마는 이미 떠난 모양이야."

"우리 삼층 출국장 앞까지 가봐요."

단숨에 에스컬레이터를 달려 올라온 이지와 주노가 숨을 헐떡였다. 로비에 비해 비교적 한산한 출국장을 둘러보던 이지가 눈을 크게 떴다. 길게 줄선 사람들 사이에서 막 게이트를 통과하려는 이 여사의 모습을 발견했기 때문이다.

"어머니!"

이지의 고함 소리에 이 여사가 놀라 돌아보았다. 이지가 쑥스러워하는 주노를 억지로 끌고 이 여사에게 달려갔다.

"주노가 왔구나?"

주노를 발견한 이 여사가 반색했다. 하지만 주노가 고개를 돌려 외면하자 이 여사도 쭈뼛거렸다. 시간이 촉박했기에 이지가 나섰다. 팔꿈치로 주노의 옆구리를 힘껏 가격한 것이다.

"우욱!"

"괜찮아요?"

주노를 부축하는 척하며 이지가 속삭였다.

"빨리 어머니께 사과해요. 그래야 나도 마음이 편해진다고요."

주노가 결국 흠흠, 헛기침을 하며 말했다.

"내가 좀 심했어. 엄마 때문에 모든 게 엉망진창이라는 말은 진심이 아니었어."

눈물을 글썽이던 이 여사가 아들을 와락 안았다.

"우리 아들이 철이 다 들었구나? 그렇게 말해줘서 정말 고마워."

이 여사가 눈물이 맺힌 눈으로 이지를 보았다.

"이지도 고맙다."

"제가 뭘 했다고요?"

"아니야. 이지에겐 보통 사람들이 알지 못하는 특별한 에너지가 있는 것 같아. 나는 이지가 그 에너지로 우리 주노를 좋은 길로 인도해 주리라 믿어."

"어머니……."

이 여사가 주노와 이지의 손을 동시에 잡으며 미소 지었다.

"다시 만날 때까지 잘들 지내렴."

나란히 서서 힘차게 팔을 흔드는 이지와 주노를 향해 이 여사도 끝까지 손을 흔들며 게이트 안으로 사라졌다.

잠시 후, 이지와 주노가 공항 청사를 빠져나오고 있었다. 힘든 표정을 짓고 있는 주노를 힐끔거리며 이지가 픽 웃었다.

'어머니와 화해시키지 않았으면 눈물이라도 흘릴 뻔했지 뭐야.'

"어때요? 내 말 듣길 잘했죠?"

"……."

"오늘 배웅하지 않았으면 선배는 엄청 힘들었을 거예요."

"고마워."

"이 정도 가지고 뭘요."

"아니야. 생각해보면 이지는 나를 위해 참 많은 일을 해주었어. 어리석게도 내가 미처 깨닫지 못했을 뿐이지."

"선배……."

주노가 스쿠터 뒷좌석에 앉는 이지에게 헬멧을 씌워주며 빙긋 웃었다.

"우리 이제 원래의 자리로 돌아간 거지?"

"……."

"나는 윤이지의 남친이고, 너는 하주노의 여친인 거지?"

"으음……."

주노가 손가락으로 잔뜩 찌푸려진 이지의 미간을 짚었다.

"빨리 대답하지 않으면 화낼지도 몰라."

"미안해요, 선배. 지금 당장은 대답할 수 없을 것 같아요."

착잡한 눈으로 이지의 얼굴을 들여다보던 주노가 애써 미소 지으며 스쿠터에 올라탔다.

"하긴 당장은 나를 미워하지 않는 것만으로도 다행이지."

주노의 허리를 끌어안으며 이지는 자신이 그의 자존심에 상처를 입힌 것을 알았다. 하지만 지금으로선 어쩔 수가 없는 것이다.

"꽉 잡아!"

주노가 섭섭한 마음을 떨치려는 듯 힘차게 출발했다. 이지는 주노의 허리를 힘주어 안고서 바람에 몸을 맡겼다.

집에 도착했을 때는 이미 하늘이 잘 익은 오렌지 빛깔이었다. 주노가 스쿠터에서 내리는 이지의 머리에서 헬멧을 벗겼다. 그리고 바람에 헝클어진 이지의 머리카락을 손가락으로 쓸어주었다. 이지의 눈을 들여다보며 주노가 살짝 두려운 듯이 물었다.

"내일 학교에 나올 거지?"

"땡땡이칠 만큼 불량학생은 아니거든요."

"그럼 됐어. 네가 내 눈앞에서 사라지지만 않으면 나는 얼마든지 견딜 수 있어."

"선배……."

이지는 진심으로 주노의 불안감을 씻어주고 싶었다. 주노와 다시

한 번 달달한 사이로 돌아가고 싶었다. 하지만 필립의 얼굴이 문득문득 떠올라 그럴 수가 없었다. 주노가 고민에 빠진 이지의 어깨를 살며시 잡았다.

"내일은 봉사활동 가는 날인 거 알고 있지?"

"내일이 봉사활동이에요?"

"북한산에 가서 쓰레기 줍기로 되어 있잖아."

"아차차. 깜빡 잊고 있었네."

"가벼운 등산복 차림으로 오면 돼."

"알았어요. 그럼 내일 학교에서 봐요."

이지가 인사를 건넸지만 주노는 돌아설 생각을 하지 않았다. 무언가 아쉬운 듯한 시선으로 이지의 얼굴을 빤히 보았다. 이지가 괜스레 얼굴을 붉혔다.

"저기…… 그러니까 내일 학교에서……."

콰악!

주노가 이지를 와락 안은 것은 그때였다. 놀란 이지가 버둥거렸지만 주노는 놓아주지 않았다. 주노가 이지의 귓가에 대고 속삭였다.

"네가 돌아와서 얼마나 다행인지 몰라. 네가 없는 동안은 정말이지 지옥 같았거든."

"……."

"두 사람 벌써 화해를 한 건가?"

갑작스런 목소리에 놀란 이지가 주노로부터 급히 떨어졌다. 돌아서는 이지의 앞에 필립이 냉담한 얼굴로 서 있었다.

"필립, 뭔가 오해를 한 거 같은데……."

"변명할 필요 없어. 난 돌아갈 테니, 하던 일 계속 하라고."

돌아서는 필립을 이지가 불러 세웠다.

"그런데 우리 집엔 어쩐 일이야?"

"근처에 볼일이 있어서 왔다가 들렀어."

"미리 전화라도 해주지."

"핸드폰을 안 받던걸."

"그럴 리가 없는데……?"

핸드폰을 확인한 이지는 아차 싶었다. 벨소리가 진동으로 설정되어 있었던 것이다. 이지가 사과하려는데, 필립은 이미 저만큼 멀어지고 있었다.

"필립, 내일 얘기하자! 오늘은 정말 미안했어!"

이지의 말을 들었는지 못 들었는지 필립은 뒤도 돌아보지 않고 사라졌다. 필립의 뒷모습이 너무 쓸쓸해 보였기에 이지는 속이 상했다. 이지의 눈치를 살피며 주노가 말했다.

"필립한텐 내가 알아듣게 얘기할게."

"아무 말도 하지 말아요."

이지가 냉랭하게 말했다.

"선배가 무슨 말을 하든 필립에겐 상처가 될 뿐이에요."

"하긴 그렇겠군."

주노가 피식 웃으며 스쿠터에 탔다.

"그럼 내일 보자."

"예."

스쿠터를 타고 멀어지는 주노의 뒷모습을 보며 이지가 어깨를 축 늘어뜨렸다. 결국 두 남자 모두 실망시켜서 보낸 것이다. 남자친구 자체를 처음 사귀어본 이지로선 자신을 좋아해주는 두 남자아이를 어떻게 상대해야 할지 도무지 알 수가 없었다.

"아…… 골치 아파!"

이지가 비틀거리며 다세대주택 현관 안으로 들어갔다.

2
폭우 속의 조난

다음 날 아침은 화창했다. 학교 운동장에 전교생이 모여 교장선생님의 자연을 보호하고 어쩌고 하는 연설을 들은 후, 여러 대의 스쿨버스에 나눠 탔다. 저쪽 3학년 선배들 사이에서 주노의 모습이 보였다. 하주노는 다른 학생들과 섞여 있어도 반짝반짝 빛이 나는 것이다.

"차라리 3학년 버스에 타지 그래?"

시비조의 목소리에 이지가 흠칫 고개를 돌렸다. 세라가 몇몇 여자아이들과 함께 이지를 째려보며 서 있었다.

"네가 갑자기 사라지는 바람에 주노 선배는 방송 복귀 스케줄까지 펑크 냈어. 넌 선배한테 도움이 되지 않는 아이야."

이지가 무시하고 지나가려는데 세라가 발을 걸었다.

"꺄악!"

땅바닥에 쓰러진 이지의 머리 위로 세라와 여자아이들의 비웃음이 쏟아졌다.

"남자한테만 한눈팔지 말고 앞 좀 보고 다니시지."

간신히 상반신을 세우는 이지의 눈에 자신을 물끄러미 내려다보고 있는 필립의 모습이 보였다. 이지는 필립이 당연히 일으켜줄 줄 알고 손을 내밀었다. 그런데 빙글 돌아서버리는 것이 아닌가. 이지는 눈물이 날 정도로 섭섭했다. 세라와 아이들이 코웃음을 쳤다.

"흥, 꼴이 우습게 됐군."

"필립도 이제야 네 정체를 알았나 봐."

"양다리 걸치다가 둘 다한테 차였지, 뭐."

이지가 입술을 깨물며 일어섰다. 옷에 묻은 흙은 툭툭 털고 최대한 당당하게 버스에 올랐다. 세라와 여자아이들이 그런 이지의 등을 쏘아보고 있었다.

아직 빈자리가 많은 버스의 뒷좌석에 혼자 앉아 있는 필립이 보였다. 잠시 망설이던 이지는 똑바로 걸어가 그의 옆자리에 털썩 주저앉았다. 놀란 눈으로 이지를 돌아본 필립이 다시 창밖으로 시선을 던졌다.

"안녕? 날씨 참 좋지?"

필립은 대답하지 않았다. 고집스러워 보이는 턱 선이 그가 화가 났음을 말해주고 있었다.

"필립, 나 좀 봐, 응? 응?"

이지가 손가락으로 팔을 쿡쿡 찔렀지만 필립은 끝내 이지 쪽을 보지 않았다. 필립의 이런 고집은 버스가 우이동 북한산 입구에 도착할 때까지 계속되었다. 버스가 정지하자마자 필립은 찬바람을 일으키며 밖으로 나가버렸다. 반에서 유일하게 자신의 편이었던 필립까지 이렇게 나오자 이지로선 힘이 빠질 수밖에 없었다.

"자, 지금부터 조를 나눠서 쓰레기를 줍도록 한다. 1~5번까지 1조, 6~10번까지 2조, 11~15번까지 3조, 16~20번까지 4조다. 선생님의 인솔 하에 도선사까지 등반했다가 그곳에서부터 우이동 계곡 쪽으로 내려오며 쓰레기를 줍는다. 이번 봉사 점수는 내신평가에 포함되니까 모두 열심히 하도록. 알겠지?"

"예에!"

반애들의 우렁찬 대답과 함께 산행이 시작되었다. 이지도 등산이라면 자신이 있었다. 엄마가 방학 때마다 이지를 억지로 깨워서 관악산, 북한산, 도봉산 등 서울에서 알아주는 산이란 산은 모조리 누비고 다닌 덕분이다. 그래서 이지는 다른 아이들보다 더 힘차고, 더 빠르게 가파른 산길을 오를 수가 있었다. 이지가 걸음을 서두르는 데는 또 다른 이유가 있었다. 하필이면 번호순으로 조를 나눠 세라와 같은 4조에 속해버린 것이다. 세라와 마주치는 것 자체가 껄끄러운 이지는 산행을 서둘렀다.

"휴우~ 일등으로 도착했다."

덕분에 이지는 누구보다 빨리 도선사 일주문에 도착했다. 절의 입구인 일주문을 통과하는 것만으로도 왠지 마음이 깨끗해지는 기분이었다. 사찰의 널찍한 마당으로 들어서자, 어디선가 솔 향을 품은 바람이 불어왔다. 그 향기가 너무 싱그러워 이지는 저도 모르게 코를 벌름거렸다.

"비라도 오면 콧구멍 속으로 빗물이 다 들어가겠군?"

장난기 어린 목소리에 이지가 빙글 돌아섰다. 언제 왔는지 주노가 흰 이를 드러낸 채 웃고 있었다.

"선배, 어떻게 이리 빨리 왔어요?"

주노가 이지의 얼굴을 가리키며 싱긋 웃었다.

"네 뒤꽁무니만 쫓아왔더니, 이등이더라."

"아하."

"무슨 여자애가 그렇게 발이 빨라? 꼭 산속을 누비는 한 마리의 날다람쥐 같더군."

"엄마에게 끌려 부지런히 산에 다닌 보람이 있네요."

이마에 맺힌 땀방울을 손등으로 닦는 이지에게 주노가 불쑥 손수건을 내밀었다.

"이걸 쓰도록 해."

"고마워요."

이지가 손수건으로 땀을 조심스럽게 닦아냈다. 순간 손수건에서 상쾌한 스킨 향이 풍겼다. 주노에게서 풍기곤 했던 바로 그 기분 좋은 냄새. 이지는 왠지 얼굴이 화끈거렸다. 이지가 손수건을 꼭 쥐며 수줍게 말했다.

"내일 빨아서 돌려줄게요."

"괜찮으니까 그냥 줘."

"하지만……."

이지가 선뜻 결정을 내리지 못하고 있을 때, 날카로운 음성이 들려왔다.

"사찰에서까지 로맨스영화를 찍는 건 좀 심하지 않나?"

이지와 주노가 동시에 소리 나는 방향을 돌아보았다. 세라가 4조 친구들과 함께 비아냥거리는 얼굴로 서 있는 게 보였다. 주노의 눈빛이 사납게 변했다.

"세라 너, 이지를 괴롭히면 용서 안 한다고 했을 텐데?"

"그러는 선배야말로 엄마의 말 한 마디에 이지를 버리지 않았었나요? 선배에겐 이지를 두둔할 자격이 없다고 생각하는데요?"

"이 자식이 정말!"

화가 난 주노가 세라에게 다가가려는데, 이지가 팔을 붙잡았다.

"선배는 상관하지 말아요."

"왜?"

세라를 보며 이지가 나직이 중얼거렸다.

"어차피 우리끼리 해결해야 할 문제니까요."

"으음……."

이지와 세라의 얼굴을 번갈아 보며 망설이던 주노가 세라를 스쳐 걸어가버렸다. 멀어지는 주노의 뒷모습을 쳐다보던 세라가 적의 서린 눈으로 이지를 돌아보았다. 세라가 큼직한 쓰레기봉투를 들고 서 있는 여자아이를 가리키며 말했다.

"우리도 슬슬 청소를 시작해야지?"

이지가 고개를 끄덕이자, 세라가 빙글 돌아섰다.

"일단 계곡 쪽으로 가자."

우르르릉–

화창했던 하늘에 갑자기 구름이 몰려들기 시작했다. 저 멀리 백운대를 넘어온 시커먼 구름이 산 전체를 뒤덮었다. 울창한 나무숲 사이로 뚫린 좁은 등산로를 세라를 따라 걷던 이지가 고개를 갸웃했다.

"우이동 계곡 쪽으로 가는 거 맞아?"

세라가 걸음을 멈추지 않은 채 대답했다.

"맞아."

"백운대가 저쪽에 있으니까……."

걷는 방향의 왼쪽에 거인처럼 버티고 서 있는 백운대를 보며 이지가 확신에 차서 말했다.

"이쪽은 우이동 계곡이 아니라 인수봉으로 가는 길이야. 엄마랑 몇 번이나 와봤기 때문에 잘 알아."

그제야 세라가 우뚝 멈추었다. 그리고 이지를 향해 천천히 돌아섰다. 세라의 눈빛이 심상치 않다고 느끼는 순간, 나머지 다른 여자아이 둘이 이지를 에워쌌다. 이지가 살짝 떨리는 소리로 말했다.

"왜, 왜 이래?"

"그걸 몰라서 물어?"

세라가 가슴을 거칠게 밀치자 이지가 휘청했다.

"내 몸에 손대지 마. 아무리 세라 너라도 폭력만은 용서할 수 없어."

"용서하지 않으면 네가 어쩔 건데?"

다시 자신을 밀치려는 세라의 손을 이지가 움켜잡았다.

"이러지 말라니까."

이지가 버티자 세라가 버럭 고함쳤다.

"얘들아, 붙잡아!"

동시에 나머지 세 아이들이 달려들어 이지를 꼼짝 못하게 붙잡았다. 이지가 버둥거렸지만 세라와 나머지 아이들의 힘을 당해낼 순 없었다.

"놔! 이거 놓으란 말이야!"

"윤이지, 잘 들어."

그런 세라에게 얼굴을 바싹 들이밀며 세라가 냉담하게 말했다.

"우리는 너처럼 형편없는 아이 때문에 주노 선배가 방송 복귀까지 망치는 게 너무 싫어. 그리고 3P의 프린스들이었던 주노 선배와 필립이 싸우는 것도 더 이상 보고 싶지 않아. 네가 있어봐야 주노 선배와 필립 둘 모두에게 하나도 도움 되는 게 없어! 너만 없으면 된다고!"

세라가 양손으로 이지의 가슴을 힘껏 밀치며 빽 소리쳤다.

"우리들의 프린스에게서 떨어지란 말이야!"

"꺄악!"

이지가 비명을 지르며 벌러덩 넘어졌다. 설마 세라가 이렇게까지 나올 거라고는 생각도 못 했던 이지는 그대로 뒤로 쓰러지고 말았다. 가파른 산길 바깥쪽으로 넘어진 이지는 몇 바퀴를 정신없이 뒹굴다가 나무에 걸리고 나서야 멈출 수 있었다. 나무에 등을 기댄 채 간신히 일어나 앉는 이지의 눈앞에 등산로 위에 버티고 서 있는 세라와 아이들이 보였다.

세라가 손가락으로 이지의 얼굴을 가리키며 쏘아붙였다.

"마지막 경고야. 한 번만 더 주노 선배와 필립한테 꼬리치면 그땐 용서하지 않을 거야."

"……."

이지가 입술을 지그시 깨문 채 세라의 얼굴을 바라보았다. 저 아이가 과연 한때 가장 친한 친구였는지 의심스러울 지경이었다. 할 말이 많았지만 목이 콱 메여 아무 말도 할 수가 없었다. 그런 이지를 싸늘히 바라보고 있던 세라가 아이들과 함께 돌아섰다. 온몸의 힘이 빠지는 것을 느끼며 이지는 등산로를 따라 멀어지는 세라의 뒷모습을 보고 있었다.

"아얏!"

잠시 후, 힘겹게 몸을 일으키던 이지가 비명을 질렀다. 오른쪽 발목에서 불에 데인 듯한 통증이 느껴졌다. 아무래도 방금 전 구르면서 발목을 접질린 것 같았다. 세라를 소리쳐 부를까 하다가 이지는 관두

기로 했다. 지금 세라에게 도움을 청해봤자 도와줄 리 없기 때문이다. 힘겹게 등산로로 올라선 이지가 한쪽 다리를 절룩거리며 걸음을 옮기기 시작했다.

"으으……!"

한 걸음씩 내딛을 때마다 절로 신음이 새어나왔다.

번쩌억- 콰아앙!

이때 검은 하늘 한복판에서 낙뢰가 번쩍이는가 싶더니 폭우가 쏟아지기 시작했다. 갑작스런 소나기에 뜨겁게 달아올랐던 나무와 땅이 식으며 짙은 물비린내가 산 전체로 퍼져 나갔다. 짙은 안개라도 낀 듯 주변 풍경이 뿌옇게 흐려졌다. 굵은 빗줄기가 채찍처럼 어깨를 때리는 가운데 등산로 한복판에 멍하니 서서 이지는 주변의 풍경이 조금씩 희미해지는 것을 두려운 눈으로 지켜보고 있었다. 이제 방향을 예측할 수 있는 이정표라곤 오른쪽으로 흐릿하게 보이는 백운대뿐이었다.

"걷는 방향의 오른쪽에 백운대가 있으니까 이쪽으로 가는 게 맞아."

스스로에게 다짐하며 이지가 절룩절룩 걸음을 옮겼다.

한편, 도선사에선 큰 소동이 벌어졌다. 갑작스런 폭우로 쓰레기를 주우며 우이동 계곡 쪽으로 내려가던 아이들을 모조리 불러들인 직후였다. 각 학년의 담임들이 자기 반 아이들의 숫자를 확인해서 교장에게 보고했다. 그런데 전교생 중 딱 한 명이 보이지 않았다. 사라진

학생은 바로 1학년 6반의 윤이지. 선생들이 발칵 뒤집혀 이지를 찾았다.

"누구 윤이지를 본 사람?"

"윤이지와 같은 조는 앞으로 나와라!"

결국 세라와 나머지 세 아이가 교장 앞으로 불려나왔다. 담임이 지켜보는 가운데 교장이 긴장된 표정으로 세라에게 물었다.

"세라 양, 윤이지와 함께 움직이지 않았나?"

세라의 표정이 일순 굳어졌다. 나머지 세 아이들도 긴장된 눈으로 세라의 얼굴을 돌아보았다. 잠시 망설이는 듯하던 세라가 시치미를 뚝 떼고 말했다.

"글쎄요……. 저희는 우이동 계곡 쪽으로 내려갔는데, 이지는 갑자기 산 위쪽으로 방향을 틀더라고요. 그 이후론 보지 못했어요."

"정말이지?"

"제가 왜 거짓말을 하겠어요?"

교장이 다른 선생들을 향해 급히 말했다.

"그 아이는 왜 산 위로 올라간 거죠? 일부 선생님들은 이곳에 남아 학생들을 통제하고, 나머지는 산 위로 올라가 윤이지를 찾아봅시다. 아참, 산악구조대에도 연락 좀 해봐요."

"곧 내려올지도 모르는데, 그럴 필요가 있을까요?"

"빗발이 점점 굵어지고 있어요. 무슨 사고라도 터지면 양 선생이 책임질 거예요?"

"아니, 꼭 그런 뜻은 아니고……."

폭우 속의 조난

"빨리빨리 움직여요!"

"아, 알겠습니다!"

선생들이 우산을 받쳐 들고 황급히 흩어졌다. 하지만 선생들보다 더 빠르게 움직인 학생이 있었다. 바로 주노였다. 이지에 대한 말을 듣자마자 우산도 쓰지 않은 주노가 빗줄기를 뚫고 산길을 빠른 속도로 달려 올라가기 시작했다.

"윤이지, 대체 무슨 생각으로 산 위로 올라간 거야?"

세라와 4조의 아이들이 불안한 얼굴로 대웅전 뒤편 처마 밑에 둘러서 있었다. 한 여자아이가 겁먹은 얼굴로 말했다.

"지금이라도 선생님께 솔직하게 말해야 하지 않을까?"

세리가 눈을 치켜떴다.

"뭘 솔직하게 말하는데?"

"우리가 이지를 인수봉 근처까지 끌고 갔다고 말이야."

"맞아, 얘기하는 게 좋겠어."

"선생님들은 이지가 거기까지 올라간 줄은 모르고 있을 테니까."

세라의 입가에 냉소적인 미소가 떠올랐다.

"그럼 결국 우리가 이지를 혼내주기 위해 끌고 갔다는 사실까지 말해야겠네?"

"그…… 그건……."

"봉사활동을 나와서 같은 반 친구를 폭행했다는 사실을 담임은 물론 교장까지 알게 된다면 어떻게 될까? 봉사점수를 못 받는 정도로 끝날 문제가 아니야. 생활기록부에 빨간 줄이 죽죽 그어질지도 몰라. 그래도 괜찮겠어?"

"……."

아이들의 안색이 핼쑥해졌다. 세라가 눈을 빛내며 쐐기를 박듯이 말했다.

"너희들도 봤다시피 이지는 멀쩡했어. 곧 제 발로 내려오겠지. 그러니까 우린 입만 꾹 다물고 있으면 된다고."

이지는 다리를 절룩이며 산속을 헤매고 있었다. 빗줄기는 더욱 거세지고, 물안개까지 심해져서 이제 방향의 기준점으로 삼았던 백운대까지 보이지 않게 되었다. 비를 너무 맞아서인지 한여름임에도 불구하고 온몸에 한기가 들었다. 발목의 통증은 더욱 심해져 이제 다리를 질질 끌다시피 하고 있었다. 이마를 타고 흘러내리는 물방울을 닦으며 이지가 중얼거렸다.

"이상하다. 이쯤 왔으면 도선사가 보여야 하는데……."

순간 앞쪽에 세워진 방향 표지판이 보였다. 이지가 반가운 얼굴로 표지판을 향해 다가갔다. 표지판에 적힌 글자를 들여다보던 이지의 표정이 딱딱하게 굳어버렸다.

"오른쪽으로 가면 하루재고, 왼쪽으로 가면 영봉? 그럼 내가 도선사 쪽이 아니라 산속 깊이 더 들어와버렸다는 뜻이잖아."

번쩌어억- 콰콰쾅!

이때 눈앞에서 낙뢰가 내리쳤다.

"꺄아악!"

이지가 양손으로 귀를 틀어막으며 비명을 질렀다. 그 상태로 눈을 부릅뜨고 주변을 둘러보았다. 주변의 풍경이 몹시 낯설게 느껴졌다. 비와 안개에 잠긴 숲은 소녀를 잡아먹는 괴물의 은신처럼 을씨년스러워 보였다. 누군가 당장 저 안개를 뚫고 나와 자신을 덮칠 것만 같았다.

"빠, 빨리 도선사로 돌아가야 해!"

이지가 홱 몸을 돌려 왔던 길을 되짚어 빠르게 걷기 시작했다. 정신없이 걷던 와중에 그녀는 분명 도선사 방향을 가리키는 표지판을 만났다. 하지만 겁에 질려 있던 나머지 그것을 놓쳐버리고 말았다. 이지는 한쪽 다리를 절룩이며 열심히 걸었지만 산길은 점점 좁아지고 주변의 나무들은 더욱 울창해졌다. 이지가 우뚝 멈춰 섰다. 그리고 어느새 길이 완전히 사라져버린 숲을 멍하니 바라보았다.

쏴아아아!

"훅…… 후욱…….'

고요한 숲에서는 오직 빗방울 떨어지는 소리와 함께 이지의 거친 숨소리만 들릴 뿐이었다. 이지가 파랗게 질려버린 입술을 달싹여 간신히 중얼거렸다.

"어떡하면 좋아? 길을 잃어버린 모양이야."

솟구치는 눈물을 가까스로 참으며 이지가 스스로를 달랬다.

"괜찮아, 윤이지. 이 정도는 지금껏 겪은 일에 비하면 아무것도 아니잖아? 평소의 너답게 정신을 똑똑히 차리고, 당당하게 맞서자."

마음을 다잡은 이지는 일단 계곡을 찾아 내려가기로 했다. 산에서 길을 잃었을 때, 제일 좋은 방법이 계곡을 따라 내려오는 것이라고 엄마에게 들은 기억이 났기 때문이다. 이지는 아픈 다리를 끌고 힘겹게 계곡을 찾아 내려갔다.

콰아아아아ㅡ!

하지만 갑작스런 폭우로 불어난 계곡에서 물이 무섭게 흐르는 것을 발견하고 이지는 곧 자신이 큰 실수를 저질렀음을 깨달았다. 물이 불어난 계곡을 한가하게 걸어간다는 것은 불가능한 일이었던 것이다.

"다시 위쪽으로 올라가야 해."

시시각각 불어나는 물에 겁을 집어먹은 이지가 계곡 위쪽으로 올라가려고 했다. 하지만 아래로 내려오는 것은 가능했지만 아픈 다리를 끌고 올라가는 것은 불가능했다.

"꺄아악!"

힘겹게 기어오르던 이지는 결국 비명을 지르며 주르륵 미끄러지고 말았다. 뺨이 돌에 긁혀 따끔거렸고, 손바닥에서도 피가 흘렀다. 아예 옴짝달싹할 수 없는 상태가 되어 이지는 바로 옆 바위에 등을 기대고 주저앉았다. 빗줄기는 점점 굵어지고, 물은 점점 불어나는 것 같았다. 이제 조금만 더 있으면 사나운 물줄기가 무방비 상태의 이지를 쓸어가버릴 것처럼 보였다. 위기의 순간, 가장 먼저 떠오른 것은 주노의 얼굴이었다. 이지가 울먹이는 소리로 중얼거렸다.

"선배, 제발 나 좀 구해줘요."

그 시각, 주노는 사나운 빗줄기를 뚫고 미친 듯이 산속을 헤매고 있었다. 세라는 이지가 산 위쪽으로 올라갔다고 했다. 그래서 주노는 도선사에서부터 산길을 따라 올라가며 무작정 이지의 이름을 외쳤다. 어쩌면 이지는 벌써 도선사에 도착해 있는지도 모른다. 하지만 왠지 모를 불안감이 가슴에 먹물처럼 번졌다. 이지에게 무언가 안 좋은 일이 생겼을 것만 같아 견딜 수가 없었다.

"윤이지! 어디에 있니, 이지야?!"

"!"

이지가 자신의 이름을 부르는 소리를 들은 것은 그때였다. 사나운 빗소리를 뚫고 누군가의 목소리가 희미하게 들려왔다. 추위에 입술이 하얗게 질린 이지는 자신이 환청을 들은 게 아닌지 착각했다. 그런데 아니었다. 계곡 위쪽에서 분명 누군가 자신의 이름을 애타게 부르고 있었다. 이지도 손나발을 만들어 소리쳤다.

"여기야! 주노 선배, 나 여기에 있어요!"

이지는 자신을 구하러 달려온 사람이 주노라고 확신했다. 그래서 주노의 이름을 필사적으로 불렀다. 마침내 그도 이지의 목소리를 들은 것 같았다.

"거기 꼼짝 말고 있어! 내가 지금 내려갈게!"

"알았어요, 선배. 흐흑!"

너무도 반가운 마음에 이지는 그만 왈칵 눈물이 솟았다. 빗속을 뚫고 걸어오는 사람을 눈물 젖은 눈으로 바라보던 이지는 깜짝 놀라고 말았다. 그녀를 구하러 걸어오는 사람이 주노가 아니라 필립이었기 때문이다.

"피…… 필립……?!"

이지가 자기만큼이나 흠씬 젖은 필립을 멍하니 올려다보았다. 필립도 숨을 헐떡이며 이지를 보았다.

"하주노를 기다리고 있었던 거야?"

"아니, 꼭 그런 건 아니고……."

필립이 무뚝뚝하게 손을 내밀었다.

"어서 일어나. 물이 더 불어나면 정말 큰일 나."

"고마워. 아악!"

필립의 손을 잡고 일어서던 이지의 입에서 비명이 터져 나왔다. 이지의 발목은 이제 눈에 띌 정도로 통통 부어 올라 있었다. 필립이 재빨리 한쪽 무릎을 꿇으며 등을 내밀었다.

"업혀!"

"정말 고마워."

필립이 이지를 업은 채 계곡 위쪽으로 기어 올라가기 시작했다. 몇 번이나 미끄러지기를 반복하며 필립의 온몸은 땀과 흙투성이로 변했다. 그런 필립의 등에 업힌 채 이지는 말로 표현 못 할 정도의 미안함을 느끼고 있었다. 생각해보면 자신이 어려운 일을 겪을 때마다 짠하고 나타나 손을 내민 사람은 필립이었다. 하지만 그때마다 이지는 주노를 향해 돌아서버렸던 것이다.

"필립, 미안해."

"……"

"난 너무 이기적인 아이인가 봐."

"그렇지 않아."

"아니야. 이기적인 거 맞아."

"우리 모두는 감정에 따라 행동하게 돼 있어. 그걸 이기적이라고 부를 수는 없다고."

"필립……."

두 사람이 마침내 등산로 위로 올라섰다. 몇 걸음 옮기던 필립이 우뚝 걸음을 멈추었다. 앞쪽에서 달려오는 누군가를 발견했기 때문이다. 빗속을 뚫고 달려오는 그 누군가는 사력을 다하고 있는 게 분명했다. 어깨 위로 뭉클뭉클 피어오르는 김이 그가 얼마나 힘을 다해 달려왔는지 말해주었다.

"허억…… 허억……."

이지를 찾기 위해 온 산을 헤매고 다녔던 주노가 필립에게 업힌 이지를 발견하고 비로소 걸음을 멈추었다. 당장이라도 심장이 터져버릴 것 같았다. 맹세컨대 주노는 이지를 발견할 때까지 단 한 번도 멈춰 서지 않았다.

주노와 필립이 한동안 서로의 얼굴을 뚫어져라 바라보았다. 필립에게 업힌 이지도 주노의 얼굴을 보았다. 필립의 입가에 피식 웃음이 떠올랐다.

"하주노, 기어이 나타나셨군."

필립이 이지를 내려주려는 순간, 그녀의 입에서 짧은 외침이 터져나왔다.

"계속 데려다줘!"

"뭐?"

놀라 눈을 부릅뜨는 필립의 귓가에 대고 이지가 속삭였다.

"너만 괜찮다면 계속 네 등에 업혀서 가고 싶다고."

"……!"

순간 필립이 찢어져라 눈을 부릅떴다. 주노도 눈을 크게 뜨고 필립의 등에 업힌 이지를 보았다.

쏴아아아……!

비가 퍼붓는 가운데 세 사람은 서로의 얼굴을 바라보며 한동안 멍하니 서 있었다. 이지가 필립의 어깨에 이마를 기댄 것은 바로 그때였다. 하루 종일 비와 공포에 시달린 이지는 갑자기 견딜 수 없을 정도의 피로감을 느꼈다. 결국 졸음을 이기지 못한채 필립의 어깨에 이마를 대고 그대로 잠이 들어버린 것이다.

주노와 필립은 이지가 잠든 줄도 모른 채 여전히 서로를 응시하고 있었다. 영원히 그치지 않을 것 같은 빗줄기가 두 남자의 어깨를 두드리는 중이었다.

 이지의 방안 책상 위에 놓여 있던 '세기의 로맨스'가 곧 눈부신 광채에 휩싸였다.

3
외인부대의 소년 전사 살라딘

 이지가 퍼뜩 잠에서 깨어났다. 깨어나자마자 이지는 자신이 누군가의 등에 업혀 있음을 깨닫고 안심했다. 그 누군가가 필립이라고 확신했기 때문이다. 그런데 무언가 좀 이상했다. 빗소리는 그치고 등에서 따가운 햇살이 느껴졌다. 그새 비가 그치고 해가 떴나? 천천히 고개를 들던 이지는 너무 놀라 입을 쩍 벌리고 말았다. 자신이 비가 퍼붓는 산속이 아니라 땡볕이 내리쬐는 사막 한복판에서 누군가에게 업혀 있었기 때문이다.

"그럼 지금 나를 업고 가는 애는 대체 누구……? 꺄아악!"

 자신을 업고 가는 남자아이의 머리를 양손으로 잡고 얼굴을 자신 쪽으로 돌린 이지는 비명을 질렀다. 필립이 아니라 피부가 까무잡잡한 웬 아랍 소년이었던 것이다.

"어이쿠!"

"꺄악!"

그 바람에 소년과 이지는 동시에 모래바닥에 쓰러지고 말았다.

"어구구…… 엉덩이야."

모래바닥에 주저앉은 이지가 눈을 동그랗게 뜨고 소년의 얼굴을 바라보았다. 소년은 영화에서 종종 보았던 이슬람 전통의 통이 넓은 바지인 사르왈을 입고, 그 위에 장옷 형태의 갈라비아를 걸쳤다. 그리고 머리에는 목까지 덮을 수 있는 모자인 케피야를 쓰고 있었다. 허리에 차고 있는 화려한 문양의 칼집 속의 검이 특히 이지의 시선을 사로잡았다.

자세히 보니, 갈색 눈동자가 총명하게 반짝이는 매우 잘생긴 아랍 소년이었다. 약간 건방져 보이는 눈빛, 곧게 뻗은 콧날과 윤곽이 뚜렷한 턱 선이 어딘지 주노와 닮아 보였다. 소년이 주노와 닮았다는 사실을 깨달은 이지는 자신이 다시 머나먼 과거로 떨어졌음을 깨달았다. 모래바닥을 쓸던 이지의 손바닥에 무언가 덜컥 걸렸다. 두꺼운 양장본의 책을 눈앞으로 들어 올리며 이지가 픽 웃었다.

"내 이럴 줄 알았다니까."

"이게, 애써 업고 왔더니만."

그때까지 이지를 지켜보고만 있던 소년이 모래를 툭툭 털고 일어서며 퉁명스럽게 말했다. 이지도 재빨리 따라 일어섰다.

"나는 윤이지라고 해. 너는 누구니?"

소년이 가슴을 쭉 펴며 말했다.

"내 이름은 살라흐 앗딘 유수프 이븐 아이유브다."

"무슨 이름이 그렇게 길어?"

"욥의 아들이며 정의로운 신앙인 요셉이란 뜻이지."

"휴우. 무슨 말인지 하나도 모르겠네."

"너는 머리가 나쁜 것 같구나. 그냥 살라딘이라고 불러."

"살라딘이든 살사소스든 다 좋은데…… 뭐, 뭐라고? 살라딘!"

이지의 입에서 다시 비명이 나왔다. 아랍 문화에 대해선 아는 게 없는 이지였지만 살라딘이란 이름만은 알고 있었다. 성지 회복을 외치며 예루살렘으로 달려온 사자왕 리처드 1세와 세기의 대결을 벌인 아랍의 영웅 아닌가.

이지가 떨리는 손가락으로 살라딘의 얼굴을 가리켰다.

"그, 그럼 지금이 몇 년이야? 이곳은 또 어디고?"

"그것도 몰라? 지금은 1163년 봄이고, 이곳은 위대한 장기 왕조의 누레딘 술탄께서 다스리시는 시리아 왕국이다."

"하하……. 성실한 대답 고마워. 또 이렇게 괴상한 장소에 뚝 떨어져버렸구나."

실성한 사람처럼 웃는 이지를 보며 살라딘이 눈살을 찌푸렸다.

"너, 몇 살인데 꼬박꼬박 반말이냐?"

"그러는 너는 몇 살인데?"

"나는 열여섯이다."

"열여섯이라고……."

자신보다 두 살 많은 소년을 억울한 듯 쳐다보다가 이지가 고개를 쳐들었다.

"나도 열여섯이야."

"정말?"

의심스럽게 쏘아보는 소년의 시선을 이지는 피하지 않았다. 첫인상으로 보아 소년은 까칠한 성격이 분명했고, 이대로 동생이 되면 두고두고 휘둘릴 것 같았기 때문이다. 쳇. 주노 선배한테 휘둘린 걸로 충분하다고. 속으로 투덜거리는 이지를 두고 살라딘이 홱 돌아섰다.

"알았다, 동갑내기. 그럼 이제 네 갈 길로 가기 바란다."

이지가 깜짝 놀라 살라딘을 쫓아갔다.

"사막 한가운데 연약한 소녀를 버려두고 혼자 가겠다는 거야?"

"너를 업었던 건 네가 기절한 것처럼 보였기 때문이야. 그런데 지금의 너는 성난 낙타처럼 씩씩해 보여. 염치가 있다면 더 이상의 도움을 바라면 곤란하지."

"그래도 나는 이 사막이 처음이란 말이야!"

"하늘에서 뚝 떨어지기라도 한 모양이지?"

비웃음을 흘리며 걸어가는 살라딘의 뒷등을 이지가 걸음을 우뚝 멈추고 쳐다보았다. 입술을 잘근잘근 깨물던 이지가 갑자기 모래 위로 슬라이딩했다.

"꺄아악!"

살라딘이 모래바닥에 얼굴을 처박은 이지를 힐끗 돌아보았다. 관심을 끌려는 수작이 뻔했지만 완전히 무시할 수도 없었다. 사막에는 치명적인 독사나 전갈이 기어 다니는 것이다.

"이봐, 엄살 부려도 소용없으니까 빨리 일어나."

"……."

"좋아, 네가 어찌되든 난 이제 간다."

살라딘이 부러 매몰차게 돌아섰다. 하지만 몇 걸음 옮기지 못하고 멈춰 서서 한숨을 푸욱 쉬었다. 그는 독실한 수니파 무슬림이고, 무슬림의 제일 계명은 곤경에 처한 여자와 아이를 구하라는 것이다.

"후우우. 정말 골치 아픈 아이로군."

살라딘이 고개를 흔들며 이지에게 다가갔다. 그리고 매우 단호한 목소리로 말했다.

"어이, 데리고 갈 테니까 당장 일어나."

"……."

"셋 셀 동안 일어나지 않으면 이번엔 죽든 말든 진짜 간다. 하나…… 두울…… 둘 반……."

"잠깐!"

살라딘을 셋을 세기 직전 이지가 벌떡 일어섰다. 그리고 잘생긴 아랍 소년의 팔짱을 끼며 씩씩하게 외쳤다.

"빨리 가자고!"

살라딘이 뻔뻔스럽게 웃는 이지를 황당한 듯 쳐다보았다.

"우와아! 사막 한복판에 이런 멋진 도시가 있을 줄이야!"

살라딘을 따라온 이지의 입에서 감탄사가 새어나왔다. 사막이 끝나고 돌과 진흙으로 만든 수천 채의 흰색 주택들과 군데군데 둥근 지붕을 얹은 높다란 이슬람 사원 모스크들이 질서정연하게 자리 잡은 대도시가 눈앞에 펼쳐졌기 때문이다. 도시 한복판에 이 모든 것을 지배하는 거인처럼 버티고 서 있는 궁전도 보였다.

"이곳이 바로……?"

질린 듯 중얼거리는 이지를 돌아보며 살라딘이 자랑스럽게 말했다.

"시리아 왕국의 수도 다마스쿠스야."

"굉장한 왕국이구나."

"당연하지."

"그런데 살라딘은 이 대단한 왕국에서 무슨 일을 하고 있어?"

"나? 나야 뭐……."

머뭇거리던 살라딘이 빙그레 웃으며 대답했다.

"나야 물론 시리아 왕국 누레딘 술탄께서 가장 신임하시는 장군이지."

"고작 열여섯 살에 장군이라고?"

"물론. 우리 아빠인 나즘 앗 딘과 삼촌 시르쿠도 장군인걸."

"살라딘의 집안은 정말 대단하구나."

"흠흠, 뭐 이 정도를 가지고. 자, 빨리 집으로 가자."

그러나 막상 도착한 살라딘의 집은 그리 대단해 보이지 않았다. 왕궁 근처 널찍한 공터에 수십 개의 천막이 쳐져 있었는데, 이곳이 바로 살라딘이 아빠와 삼촌과 함께 살고 있는 마을이라고 했다. 천막촌을 오가는 병사들이 살라딘을 알아보고 인사를 건넸다. 하지만 그들 대부분은 하나같이 지저분한 갈라비아 차림이었다. 천막촌 군데군데 말똥과 음식찌꺼기들이 널려 있어 위생상태도 썩 좋아 보이지 않았다.

'왕의 신임을 받는 장군이 살고 있는 동네로 보이지는 않는데?'

이지는 이상하다고 생각했지만 괜히 마음을 상하게 하고 싶지 않아 묻지는 않았다.

"저곳이 아빠의 천막이야."

살라딘이 여러 천막 중에서도 가장 큰 천막 안으로 이지를 데리고 들어갔다. 양탄자가 깔린 천막 안에 살라딘의 아빠 나즘 앗 딘과 삼촌 시르쿠가 나란히 앉아 있었다. 살라딘의 아빠는 근엄한 인상이었고, 비교적 젊은 시르쿠는 썩 유쾌한 사람처럼 보였다.

살라딘의 아빠가 이지를 보며 눈살을 찌푸렸다.

"저 아이는 누구냐?"

"이지라는 아이입니다. 사막에서 우연히 만났는데, 갈 곳이 없다고 해서 데려왔습니다."

"왜, 노예로 삼으려고?"

"아닙니다."

"그럼 친구로 삼으려고?"

"그렇습니다."

"그럼 저 옷차림부터 어떻게 해라. 여자아이가 다리를 훤히 내놓고 다니다니, 원."

살라딘 아빠의 시선이 너무 무서워 이지는 시선을 피했다. 하긴 아까 오다보니 다마스쿠스의 여자들 대부분은 눈을 제외하곤 얼굴 전체를 가리는 니캅이나 차도르 차림이었다. 반바지에 등산복 상의를 입은 이지가 이상해 보이는 것도 당연했다.

이때 삼촌 시르쿠가 말했다.

"살라딘, 방금 전 술탄의 명령이 떨어졌다."

"술탄께서 명령을요……?"

살라딘의 표정이 순식간에 기쁨으로 들떴다.

"뭐라시던가요? 드디어 우리를 이집트로 보내주겠다고 하시던가요?"

시르쿠가 천천히 고개를 저었다.

"아니, 술탄께선 우리에게 나란으로 진군하라고 명령하셨다."

"나란이라면 기독교도들이 세운 예루살렘 왕국을 감싼 여러 도시들 중 하나 아닙니까?"

살라딘의 아빠 나즘 앗 딘이 화를 억누르는 목소리로 말했다.

"고작 천 명의 전사들을 거느린 우리에게 삼천의 기독교도들과 전투를 벌이라니? 이집트로 보내주겠다는 약속을 지키고 싶지 않아서 억지를 부리는 거다."

나즘 앗 딘의 태도로 보아 이지는 술탄과 살라딘 가문과의 관계가 썩 좋지 못하다는 사실을 알아차렸다. 이지의 표정을 살피던 삼촌 시르쿠가 싱긋 웃으며 손짓했다.

"너희는 그만 나가봐라. 내일 일찍 나란으로 출전할 테니, 준비해 두도록 하고."

"알겠습니다."

천막 밖으로 나오는 살라딘의 표정이 어두웠다. 살라딘을 따라 걸음을 옮기며 이지가 조심스럽게 물었다.

"살라딘의 아빠는 살라딘만큼 누레딘 술탄을 존경하는 것 같지는 않은데?"

살라딘이 잠시 생각하다가 답했다.

"우리 부족은 원래 쿠르드족이야. 그런데 누레딘 술탄과 대부분의 시리아 왕국의 백성들은 투르크족이지. 우리는 일종의 외인부대라서, 술탄께선 우리가 아무리 큰 공을 세워도 잘 인정해주지 않으셔."

"흐음, 그렇구나."

고개를 끄덕이던 이지가 다시 물었다.

"그런데 살라딘과 아빠는 왜 이집트로 가고 싶어 해?"

"흐음, 그건 설명하려면 좀 길어. 일단 네가 머물 천막으로 가서 얘기하자."

살라딘이 작은 천막 안으로 이지를 데리고 들어갔다. 천막 안에는 작은 침상과 손바닥만 한 옷장이 덜렁 놓여 있었다. 실망스런 표정을 짓는 이지를 힐끗 보며 살라딘이 말했다.

"가난한 우리 부족에겐 이 정도 천막도 굉장히 훌륭한 편이야."

살라딘이 옷장을 열고 이슬람 여성들의 전통 의상인 히잡을 꺼내 이지에게 건넸다.

"이제부터 이걸 입도록 해. 우리 무슬림 여자들은 절대 너처럼 입고 다니지 않아."

"알았으니까 뒤돌아 서 있어."

이지가 히잡으로 갈아입으며 살라딘의 등을 째려보았다.

"절대 곁눈질하거나 하면 안 돼."

"무슬림 남자는 명예를 목숨처럼 여긴다. 절대 그런 비열한 짓은 하지 않아."

"알았어요, 알았어. 말끝마다 남자 타령은. 그나저나 여자만 이렇게 꽁꽁 싸매고 다니는 건 남녀차별 아닌가?"

히잡으로 갈아입은 이지가 양팔을 벌려 보이며 투덜거렸다.

"차별하는 게 아니라 보호하려는 거야. 사막은 몹시 위험한 곳이기 때문에……."

살라딘이 갑자기 말을 멈추고 이지를 멍하니 쳐다보았다. 햇살이 은은하게 비추는 천막 안에서 하얀 히잡을 입고 서 있는 이지의 모습이 너무 예뻐 보였기 때문이다. 그러고 보니 이지는 다른 아랍 소녀들과는 달리 유난히 흰 피부를 가지고 있었다.

"왜 그렇게 쳐다봐?"

"응? 아, 아무것도 아니야."

"어라, 얼굴까지 빨개졌네? 왜 그래, 응? 응?"

이지가 얼굴을 들이밀며 짓궂게 묻자, 살라딘이 당황하여 주춤 물

러섰다.

"장난 그만하고 이집트 원정에 대한 이야기나 계속하자."

이지도 그 얘기가 궁금했으므로 근엄한 살라딘을 곯려먹는 일은 잠시 미루기로 했다.

"지금으로부터 사십여 년 전 유럽인들이 제멋대로 십자군을 일으켜 우리 무슬림들의 성지이기도 한 예루살렘을 점령하고 예루살렘 왕국과 안티오크 공국, 에데사 백작령, 트리폴리 백작령 등의 기독교 국가를 건설했어. 당시 이슬람 세계는 이란과 터키 지역을 점령한 셀주크 투르크, 아라비아 반도의 대부분을 차지한 아바스 왕조, 이집트의 파티마 왕조 등으로 분열돼 있었기 때문에 십자군에 제대로 대응할 수가 없었지. 이후 이슬람 지역 곳곳에서 더 많은 왕조들이 일어났고, 시리아 왕국의 장기 왕조도 그중 하나야."

"그것과 이집트행이 대체 무슨 상관이야?"

"요 근래 들어 이집트의 파티마 왕조에 문제가 생겼어. 이집트는 지난 십 년간 관료 계급이 서로 반대편을 제거하기 위해 음모와 분열로 시간을 보내면서 쇠약해졌거든. 여기에 기근과 페스트까지 반복되면서 백성들의 생활은 더욱 비참해졌지. 이제 파티마 왕조의 재상 샤와르와 디르감은 권력을 차지하기 위해 외세까지 끌어들이려 하고 있어. 샤와르는 우리 누레딘 술탄에게, 디르감은 예루살렘의 십자군왕에게 원조를 청했어."

살라딘이 갑자기 이를 악물었다.

"디르감 이놈, 무슬림이란 자가 감히 십자군왕에게 도움을 청하다니……!"

십자군과 무슬림의 역사에 대해 듣게 된 이지는 살라딘이 충분히 화를 낼 만하다고 생각했지만 종교적인 문제에는 간섭하지 않는 게 좋다고 생각했기 때문에 입을 다물었다.

"지금은 힘들지만 이집트는 원래 물자가 풍부하고, 우리 시리아와 함께 예루살렘 왕국을 앞뒤로 포위하고 있는 형국이라 전략적으로도 매우 중요한 지역이야. 그래서 아빠와 삼촌은 이집트를 점령하고 그곳의 총독이 되면 우리 가문의 힘을 키울 수 있다고 믿고 계시지."

"아하, 그래서 한사코 이집트로 가려는 거구나?"

"맞아."

고개를 끄덕이던 살라딘의 표정이 문득 걱정스럽게 변했다.

"참, 그런데 너 정말 괜찮겠어?"

"응, 뭐가?"

"아까 들었다시피 우린 내일 나란으로 출전할 거야. 이번 싸움은 그 어느 때보다 힘이 들겠지. 그런데도 쫓아가겠느냔 말이야?"

"물론!"

"너도 참 고집이 어지간한 아이구나. 나중에 후회해도 나는 모른다."

"알았어."

"내 천막은 바로 옆이니까 볼 일 있으면 그리로 오도록 해."

살라딘이 나가자마자 이지는 바빠졌다. 먼지가 수북한 침상과 바닥을 깨끗이 청소한 것이다. 청소를 끝내자마자 이지도 천막 밖으로 나갔다. 그리고 천막촌을 천천히 돌아다니며 구경했다. 강인한 인상의 남자들은 내일의 출전에 대비해 검과 활을 손보고 있었고, 여자들은 먼 여행을 떠날 짐을 꾸리느라 바빴다. 어른들 사이에선 긴장감이 흐르고 있었지만 아이들은 뛰어노느라 정신이 없었다.

"우와앙!"

철없이 뛰어노는 아이들의 모습에 미소를 짓고 있던 이지가 갑작스런 울음소리에 놀라 돌아섰다. 예닐곱 살 정도의 여자아이 하나가 바닥에 쓰러져 울고 있고, 또래의 사내아이 셋이 그 아이를 빙 에워싸고 있는 게 보였다. 이지가 팔을 걷어붙이며 달려갔다.

"어이, 너희들! 여자를 괴롭히는 게 무슬림의 가장 큰 수치라는 것도 몰라?"

사내아이들이 조금도 기가 죽지 않은 표정으로 이지를 향해 돌아섰다.

"우리가 잘못한 게 아니라고요!"

"이 녀석이 우리 음식을 훔쳐 먹었어요!"

그러고 보니 여자아이 앞에는 삶은 감자 몇 알이 흩어져 있었다. 이지가 눈물범벅의 여자아이 앞에 한쪽 무릎을 꿇고 앉아 부드럽게 물었다.

"네가 정말 이 감자를 훔쳤니?"

"흐흑~ 배가 너무 고파서 그랬어요."

눈물을 왈칵 터뜨리는 여자아이를 안아주며 이지가 사내아이들을 꾸짖었다.

"얼마나 배가 고팠으면 그랬겠니? 너희들이 좀 양보하지 않고서."

"하지만 우리도 이틀 만에 처음 받은 감자란 말이에요."

"이틀 만에 감자 몇 알밖에 받지 못했다고……?"

황당한 눈으로 아이들을 보던 이지가 씩씩거리며 살라딘의 천막으로 향했다.

"대체 뭐하자는 거야?"

이지가 소리를 빽 지르며 들어왔을 때, 살라딘은 막 기도를 하려던 참이었다.

"기도시간에는 절대로 방해하면 안 돼."

"알았으니까 빨리 끝내."

살라딘의 표정이 너무 확고했으므로 이지는 잠시 기다릴 수밖에 없었다. 살라딘이 기도를 드리는 모습은 매우 경건했다. 심각한 얼굴로 천천히 무릎을 꿇은 다음 양손과 이마와 코끝이 동시에 바닥에 닿도록 했다. 이런 식으로 그는 여러 번 반복해서 절을 올렸다. 절이 모두 끝나자 살라딘이 바닥에 깔아놓은 흰 천을 접으며 이지를 향해 돌아섰다.

"우리는 무슬림은 하루 중 새벽, 정오, 오후, 일몰, 밤에 걸쳐 다섯 번씩 성지 메카를 향해 절을 올려. 이것이야말로 무슬림의 가장 기본적인 의무라고 할 수 있지."

이지가 코웃음을 쳤다.

"아이들의 음식을 빼앗아도 기도만 잘하면 훌륭한 무슬림이 되나 보지?"

"그게 무슨 소리야?"

불쾌한 표정을 짓는 살라딘을 향해 이지가 쏘아붙였다.

"아이들한테 이틀에 감자 몇 알씩만 주고 있다며? 네가 정말 명예를 아는 무슬림이라면 적어도 아이들만은 배불리 먹였어야지."

"……."

살라딘이 입을 꾹 다문 채 이지의 얼굴을 가만히 응시했다. 그는 화가 났다기보다 왠지 서글퍼 보였다. 그가 탁자 위에 놓여 있는 접시를 턱짓으로 가리켰다.

"아이들한테 저거라도 갖다 주도록 해."

"저게 뭔데?"

"콥즈라고, 우리 무슬림이 즐겨먹는 발효시키지 않은 밀가루 빵이야."

"쳇. 한 입 베어 먹으면 끝날 빵조각을 누구 코에 붙이라는 거야?"

"나도 이틀 만에 처음 얻은 음식이야."

"뭐, 뭐라고?"

살라딘의 표정이 고통스럽게 일그러졌다.

"얼마 전부터 누레딘 술탄께서 우리 부족에 대한 식량 배급을 삼분의 일로 줄이셨어. 그래서 부족 전체가 굶주리고 있지. 하지만 네 말대로 부족민들은 굶기고 우리만 배불리 먹고 있는 건 아니야. 나나 아버지와 삼촌 모두 부족민보다 더 적은 음식으로 버티고 있다고."

"그, 그랬구나……."

멍청히 중얼거리던 이지의 표정이 일그러졌다.

"대체 그 술탄이란 작자는 무슨 꿍꿍이야? 가장 위험한 전투에 너희 부족을 앞세우면서 음식조차 제대로 주지 않다니?"

살라딘이 끝까지 술탄을 감쌌다.

"술탄께서도 어쩔 수 없을 거야. 예루살렘 왕국을 멸망시키려고 전쟁을 시작했기 때문에 식량과 군자금이 모자라거든."

"아무리 그래도 이건 너무 심하잖아."

"더 이상 그분을 욕하지 마!"

살라딘이 버럭 고함치자 이지가 움찔했다. 살라딘이 이지를 쏘아보며 으르렁거렸다.

"어쨌든 내가 평생 왕으로 모시기로 맹세한 분이야. 그분이 나를 완전히 버리기 전까진 누구도 내 앞에서 술탄을 욕할 수는 없어."

살벌한 적의를 발산하는 살라딘을 보며 이지는 그의 성격을 알 것 같다고 생각했다. 살라딘은 굉장히 고지식한 남자인 것이다. 살라딘 같은 남자는 누구에게 쉽게 마음을 주지 않지만, 한 번 마음을 주면 절대로 변하지 않는다. 물론 누구나 살라딘 같은 사람을 믿고, 그런 사람과 친구가 되고 싶을 것이다. 그러나 살라딘의 아빠와 삼촌의 태도나 부족민들의 상황을 보아 누레딘 술탄은 이미 살라딘을 배신한 것과 다름없었다. 살라딘만이 오직 그 사실을 받아들이지 못하고 있을 뿐.

"알았어. 술탄에 대해선 더 이상 얘기하지 않을게."

나란까지의 행군 길은 험난했다. 살라딘과 이지는 꼬박 열흘 밤낮이나 사막을 행군해야 했다. 사막의 낮이 불지옥이라면 밤은 얼음지옥 같았다. 추위와 더위가 번갈아 괴롭히니 도무지 적응이 되질 않았다. 몸은 쇠약해지고 신경은 날카로워졌다. 지칠 대로 지친 이지는 말 위에서 몇 번이나 굴러떨어졌다. 그때마다 살라딘이 달려와 정신이 혼미해진 이지의 입에 물을 흘려넣어 주었다.

"나, 나는 못 가겠어. 더 이상은 못 가겠어."

절망적으로 중얼거리는 이지를 살라딘이 위로했다.

"신이 인간에게 극복할 수 없는 고통을 내리는 법은 없어. 너도 신의 피조물인 이상 이 고통을 이겨낼 힘을 지니고 있을 거야."

"살라딘……."

묘하게도 그 한 마디가 이지에게는 큰 위로가 되었다. 신이 인간에게 극복할 수 없는 고통을 내리는 법은 없다. 참 근사한 말이라고 생각하며 이지는 가까스로 말에 올라탔다. 그리고 다음 날 새벽 목적지에 도착할 때까지 한 번도 말에서 떨어지지 않았다.

저 멀리 광활한 지평선에서 태양이 떠오르고 있었다. 뜨거운 열기를 품은 붉은 해가 어둠을 서서히 몰아내며 열사의 대지를 밝히기 시작했다. 나즘 앗 딘과 시르쿠 그리고 살라딘과 이지는 모래 언덕 위에 서서 새로운 햇빛에 모습을 드러내는 기독교도의 도시 나란을 내려다보았다. 나란은 낮은 성벽으로 둘러싸인 작은 성도였다. 저런 작은 도시를 점령하기 위해 그 먼 길을 달려왔다는 사실에 허탈해져 이지가 피식 실소했다. 그런 이지의 마음을 알아차렸는지 살라딘이 설명했다.

"나란은 예루살렘 왕국으로 가는 길에 있는 첫 번째 오아시스 도시야. 공격하는 쪽에서나 방어하는 쪽에서나 매우 중요한 요충지라고 할 수 있지."

이때 성 안쪽에서 뿔피리 소리가 길게 울렸다. 곧 성문이 열리더니, 수천의 기마병들이 모래먼지를 일으키며 달려 나왔다.

나즘 앗 딘이 신음처럼 중얼거렸다.

"예상보다 병력이 훨씬 많은 것 같군."

시르쿠의 표정도 좋지 않았다.

"일단 후퇴하는 게 낫지 않을까요?"

살라딘이 재빨리 삼촌의 의견에 반대하고 나섰다.

"병사들이 지칠 대로 지쳤어요. 사막으로 다시 후퇴한다는 건 자살 행위예요."

나즘 앗 딘도 동의했다.

"그건 살라딘의 생각이 맞다. 최대한 빨리 승부를 내는 수밖에 없어."

살라딘이 이지에게 칼등이 살짝 휜 단검 한 자루를 내밀었다.

"혹시 위기가 닥치면 이걸로 네 자신을 지키도록 해."

"고, 고마워."

작지만 묵직한 단검을 받자 이지는 비로소 전쟁터에 들어왔다는 실감이 났다. 약 천여 명의 기병을 일렬로 세운 나즘 앗 딘이 앞으로 나서서 병사들을 향해 검을 번쩍 쳐들었다.

"알라의 전사들이여, 이교도들을 무찌르자!"

"와아아아!"

"신은 위대하다!"

나즘 앗딘과 시르쿠를 선두로 천여 명의 기마병들이 한 덩어리가 되어 언덕을 달려 내려갔다. 서로를 향해 돌진하던 기독교 기마병들과 이슬람 기마병들이 검을 부딪치며 격돌했다. 순식간에 수십 필의 말과 기병들이 비명을 지르며 쓰러졌다. 모래먼지가 자욱하게 일어난 사막 한복판에서 양측 병사들은 처절하게 싸웠다.

"꺄아악! 살라딘, 같이 가!"

사방에서 비명이 울려 퍼지는 아비규환 속에서 이지는 살라딘을 놓치지 않으려고 이리 뛰고 저리 뛰었다. 이지가 보기에도 싸움은 이슬람 군대에게 점점 불리하게 돌아가고 있었다. 아무리 용감하게 싸운다 해도 기독교 군대의 숫자가 너무 많았다.

"싸워라! 알라의 이름으로 물러서지 마라!"

미친 듯이 검을 휘두르는 살라딘의 곁으로 다가와 이지가 외쳤다.

"후퇴해야 해, 살라딘! 이러다간 전멸하고 말 거야!"

"어차피 후퇴해도 도망칠 곳도 없어! 우리 뒤쪽은 사막이라고!"

이를 악물고 주위를 두리번거리던 이지가 불쑥 앞쪽을 가리켰다.

"그럼 차라리 저곳으로 가자!"

"뭐라고……?"

이지가 가리킨 방향을 돌아본 살라딘의 표정이 황당하게 변했다. 그곳은 바로 나란성의 성문이었기 때문이다. 기독교도들은 너무 적은 이슬람 군대를 보고 방심했는지 성문을 활짝 열어두고 있었다. 이지를 힐끗 돌아본 살라딘이 결심한 듯 고개를 끄덕였다. 그리고 자신이 이끄는 백여 명의 전사들을 이끌고 성문을 향해 똑바로 달리기 시작했다. 몇몇 기독교 병사들이 황급히 앞을 막았지만 살라딘의 칼에 눈 깜짝할 새에 쓰러졌다.

'살라딘의 칼 솜씨는 정말 대단하구나!'

이지는 감탄하지 않을 수 없었다. 살라딘과 이지는 순식간에 성문 앞에 도착했다. 그런데 성문이 이미 닫히고 있었다.

"이미 늦었어! 포기해!"

이지가 외쳤지만 들을 살라딘이 아니었다.

"신의 전사에게 포기란 없다!"

살라딘이 말 위에서 부웅 몸을 날렸다. 이지도 할 수 없이 따라서 날렸다.

우당탕탕!

성문이 닫힘과 동시에 살라딘과 이지는 안쪽으로 굴러 들어왔다.

"어이구~ 머리야!"

"저, 저길 봐!"

머리를 감싸 쥐고 일어서던 이지와 살라딘이 움찔했다. 눈앞에 적군 수십 명이 검을 쥐고 서 있었기 때문이다.

"하하…… 안녕들 하세요? 아무래도 우리가 집을 잘못 찾아온 모양이에요."

이지가 손을 흔들며 어색하게 웃었지만 이미 때는 늦어버렸다. 적군이 검을 휘두르며 두 사람에게 덤벼들었던 것이다.

"내가 막을 테니, 이지는 빨리 성문을 열어!"

살라딘이 정신없이 검을 휘둘러 적들을 막았다. 이지가 빗장을 빼내려고 해봤지만 무거운 통나무는 꿈쩍도 하지 않았다. 살라딘이 끙끙거리는 이지를 돌아보며 절박하게 소리쳤다.

"왜 이리 꾸물거리는 거야?"

"빗장이 너무 무거워서 꼼짝도 않는다고!"

"그래도 빨리 어떻게 좀 해봐!"

"나도 최선을 다하고 있단 말이야!"

이때 적이 찌른 검이 살라딘의 허벅지를 살짝 베었다.

"으윽!"

살라딘이 더 이상 견디지 못하고 무릎을 꿇었다. 그런 살라딘을 노리고 적군 세 명이 동시에 덤벼들었다. 이젠 정말 끝장이라고 생각하고 있을 때 덜커덩, 소리와 함께 성문이 열렸다. 이지의 노력이 마침내 성과를 거둔 것이다.

"와아아!"

성문이 열리자마자 밖에서 전전긍긍하고 있던 살라딘의 부하들이 들이닥쳤다. 부하들은 순식간에 적군을 쓰러뜨리고 성을 장악했다. 살라딘이 이지와 함께 성벽 위로 달려 올라갔다. 그리고 장기 왕조의 깃발을 흔들며 소리를 질렀다.

"형제들이 나란성을 점령했다! 나란성은 이제 무슬림의 영토다!"

성 밖에서 한창 무슬림들을 궁지에 몰아넣고 있던 기독교 병사들은 크게 놀랐다. 당황한 기독교 군대의 장군은 성부터 탈환하라고 악을 써댔다. 그러나 이것은 결정적인 실수였다. 기독교 병사들이 무작정 성을 향해 내달렸기 때문에 그들의 등 뒤는 무방비 상태가 되었다. 나즘 앗 딘과 시르쿠가 이런 기회를 놓칠 리 없었다.

"공격! 적의 배후를 공격하라!"

결국 기독교 군대는 치명적인 타격을 입은 채 나란성을 버리고 예루살렘 방향으로 도망쳤다. 세 배가 넘는 병력을 무찌른 믿을 수 없는 승리였다. 그리고 이 대단한 승리의 주인공은 다름 아닌 살라딘이었다.

"무슬림 전사들 만세!"

"나즘 앗 딘 만만세!"

장기 왕조의 깃발들이 휘날리는 성벽 위에 시르쿠와 나란히 서서 환호하는 부하들을 내려다보던 나즘 앗 딘이 오른팔을 번쩍 쳐들었다. 순간 무슬림 전사들이 일제히 입을 다물었다. 침묵에 잠긴 전사

들을 강렬한 시선으로 들러보던 나즘 앗 딘이 우렁차게 말했다.

"사랑하는 형제들, 모두 잘 싸웠다! 하지만 오늘은 나나 그대들보다 더 잘 싸운 전사가 있다! 지금부터 그 애송이 전사를 불러올리도록 하겠다!"

나즘 앗 딘이 손짓하자 쑥스러운 표정의 살라딘이 다가왔다.

"여기 내 아들이자 오늘 승리의 주역인 살라딘이다!"

전사들이 일제히 검을 흔들며 어린 영웅의 이름을 연호했다.

"살라딘!"

"살라딘!"

하늘을 울리고, 땅을 흔드는 함성에도 살라딘은 차분함을 잃지 않았다. 자신의 이름을 연호하는 전사들을 향해 희미한 미소를 지어 보였을 뿐이다. 약간 떨어진 곳에서 지켜보는 이지는 왠지 저런 미소가 더 신뢰감을 주는 것인지도 모른다는 생각을 하고 있었다.

4
피라미드의 대지를 찾아서

뜻밖의 승리는 뜻밖의 행운을 불러왔다. 나란에서의 승리에 고무된 술탄이 살라딘의 삼촌 시르쿠를 이집트 원정군 사령관으로 삼아 출정을 명령한 것이다. 그러나 나즘 앗 딘은 다마스쿠스에 남으라는 명령도 함께였다.

"나를 인질로 삼으려는 것이겠지. 이집트를 정복한 시르쿠와 살라딘이 다른 마음을 품지 못하도록."

소식을 들은 나즘 앗 딘이 예상했다는 듯이 씁쓸하게 웃었다. 시르쿠와 살라딘이 나즘 앗 딘이 함께 가지 않으면 자신들도 떠나지 않겠다고 주장했지만 그는 철없는 소리라며 꾸짖었다. 이 기회를 놓치면 두 번 다시 기회가 오지 않을 수도 있다는 것이다. 결국 시르쿠와 살라딘만 왕궁으로 들어가 누레딘 술탄에게 출전 인사를 올리게 되었다. 이지도 함께였다.

술탄의 궁전은 웅장하고도 화려했다. 콧수염을 길게 기른 병사들이 지키고 있는 널찍한 광장을 가로지르자 둥근 지붕의 높다란 건물 수십 채가 줄지어 나타났다. 너무 많은 건물들이 있어서 마치 하나의 도시를 보는 것 같았다. 그 건물들을 지나자 인공호수가 나타나고, 호수 주변에 그림처럼 아름다운 정원이 펼쳐졌다. 이름 모를 새소리를 들으며 이지는 살라딘과 시르쿠를 따라 걸음을 재촉했다. 마침내 정원이 끝나고 지금까지 보았던 모든 건물들 중에서도 가장 웅장한 건물이 나타났다.

"우와아."

이지의 입에서는 감탄사가 새어나왔다. 황금으로 만들어진 둥근 지붕은 막 떠오른 아침햇살을 받아 눈을 뜰 수 없을 정도로 빛났다. 이지는 저 건물이 틀림없이 술탄의 궁이라고 확신했다. 아마 이지가 아닌 다른 누가 보았더라도 그렇게 생각할 수밖에 없었을 것이다.

"겁먹은 거야?"

"!"

살라딘이 팔을 툭 치자 이지가 흠칫 정신을 차렸다.

"누, 누가 겁먹었다고 그래?"

"아니라면 우리도 빨리 가자."

살라딘의 삼촌 시르쿠는 이미 내관의 안내를 받으며 계단을 오르고 있었다. 이지도 살라딘과 함께 서둘러 걸음을 옮겼다. 돔 구장만큼이나 넓은 대전 안으로 들어서며 이지는 이 왕국을 지배하는 술탄이 대단한 황금 애호가라고 확신하게 되었다. 이슬람 특유의 아라베스크 무늬가 그려진 지붕도 황금이었고, 줄지어 서 있는 장엄한 기둥도 황금이었으며, 심지어 이지가 밟고 걸어가는 바닥도 황금이었다. 기둥 앞에는 비단으로 지은 질바브를 걸친 대신들이 줄지어 늘어서서 음모를 꾸미는 듯한 눈빛으로 시르쿠와 살라딘을 바라보고 있었다. 왠지 적진 한복판에 들어온 듯한 긴장감에 이지는 저도 모르게 꿀꺽, 마른 침을 삼켰다.

앞장서 안내하던 내관이 우뚝 멈춰 섰다. 이지와 살라딘과 시르쿠도 따라 멈추었다. 주위가 갑자기 고요해진 것을 깨달은 이지가 천천히 고개를 들었다.

이지의 눈앞에 보이는 것은 높고 거대한 단이었다. 수십 개의 대리석 계단 위쪽에 황금으로 만든 거대한 옥좌가 있었는데, 그 옥좌에 비대한 몸집의 중년 사내가 반쯤은 누운 자세로 앉아 있었다. 금빛 비단으로 지은 질바브를 입고, 머리에는 주먹만 한 다이아몬드가 박힌 터번을 쓴 남자가 누레딘 술탄이란 것을 이지는 단번에 알아보았다. 술탄 양옆에선 이슬람 율법과는 거리가 멀게 배꼽을 드러낸 네 명의 궁녀들이 싱싱한 과일이 담긴 접시를 내밀고 있었고, 술탄은 그중에서 큼직한 거봉을 집어 오득오득 씹어 먹고 있었다. 그러면서도 살찐 볼에 눌려 실처럼 가늘어진 교활한 눈으로 시르쿠와 살라딘을 끊임없이 관찰했다.

'믿을 수 없는 자다!'

술탄에게 이지가 느낀 첫 번째 감정은 불신이었다. 이지도 몇 번의 여행을 통해 과거의 여러 사람들을 만나면서 나름 사람을 보는 눈이 생겼다. 그런 이지의 눈에 비친 술탄은 탐욕스럽고, 변덕스럽고, 위험한 사람이었다. 이지가 술탄에 대해 생각하고 있을 때, 시르쿠와 살라딘이 무릎을 꿇었다.

"위대한 알라의 사도 누레딘 술탄을 뵈옵니다!"

두 사람이 너무 갑자기 무릎을 꿇었기 때문에 이지만 엉거주춤 서 있게 되었다. 옆쪽으로 물러났던 내관이 당황하는 이지를 잡아먹을 듯 째려보았다. 그제야 이지도 살라딘을 따라 무릎을 꿇으려고 했다. 바로 그때 못으로 철판을 긁는 듯한 불쾌한 음성이 들려왔다.

"거기…… 짐을 향해 고개를 빳빳이 들고 있는 계집아이는 대체 누구냐?"

살라딘이 하얗게 질린 얼굴로 이지를 돌아보았다. "나도 어쩔 수 없었다고." 하는 표정으로 이지가 어깨를 으쓱했다. 시르쿠가 술탄을 향해 변명조로 말했다.

"저희 집안의 시녀아이옵니다."

술탄은 불쾌한 듯 미간을 찌푸렸다.

"고작 시녀 주제에 술탄을 능멸했단 말이지? 여봐라, 저 계집을 끌어내 처형하라!"

"옙!"

술탄의 명령이 떨어지기 무섭게 대전 양옆 기둥 뒤에 대기하고 있던 병사들이 달려 나왔다. 병사들이 이지를 붙잡으려는 순간, 살라딘이 자리를 박차고 일어섰다.

"자비를 베풀어 주십시오, 전하! 이번 나란성을 점령할 때, 큰 공을 세운 아이옵니다!"

"저깟 계집아이가 공을 세웠다고? 나보고 그 말을 믿으라는 것이냐?"

"저와 함께 성문 안쪽으로 들어간 저 아이가 빗장을 풀어주지 않았다면 나란성에는 아직도 기독교도의 깃발이 걸려 있을 것입니다."

"흐음……."

세 겹의 턱을 긁적이며 고민하던 술탄이 손을 휘휘 내저었다. 그러자 병사들이 썰물처럼 기둥 뒤로 물러났다.

"후아아."

이지가 안도의 한숨을 내쉴 때, 다시 술탄의 기분 나쁜 목소리가 들렸다.

"만약 짐의 수수께끼를 풀면 용서해주도록 하지."

"수, 수수께끼라고요?"

왠지 천일야화가 생각난 이지가 난처한 표정을 지었다. 살라딘이 곁으로 다가와 속삭였다.

"술탄께선 평소 수수께끼를 좋아하셔. 술탄의 수수께끼는 공포스러울 정도로 어렵기로 유명하니까 조심하는 게 좋을 거야."

"살라딘이 도와주면 되잖아."

"미안하지만 수수께끼는 혼자 풀게 되어 있어."

"맙소사……!"

절망적인 표정을 짓는 이지를 향해 술탄이 야비하게 웃으며 말했다.

"그럼 수수께끼를 내도록 하겠다."

이지가 마른 침을 꿀꺽 삼키며 술탄의 얼굴을 주시했다.

"아침에는 네 발로 걷고, 점심에는 두 발로 걷고. 저녁에는 세 발로 걷는 것은?"

"엥?"

수수께끼를 들은 이지의 표정이 실망으로 일그러졌다. 이지가 황당한 듯 자신만만하게 웃는 술탄의 살찐 얼굴을 보았다.

'고작 저런 게 무시무시한 수수께끼라고?'

하지만 시르쿠와 살라딘 그리고 대신들은 이지를 불쌍하다는 듯 쳐다보고 있었다. 절망감만이 가득한 살라딘의 눈을 보며 이지는 비로소 자신을 제외한 모든 사람들이 이 수수께끼를 절대로 풀 수 없는 어려운 문제로 여기고 있음을 알았다.

'하긴 이 수수께끼가 쉬운 것은 내가 미래에서 왔기 때문일지도.'

"정답!"

이지가 오른팔을 번쩍 쳐들자 술탄이 흠칫 놀랐다. 술탄을 똑바로 보며 이지가 또박또박 말했다.

"정답은 바로 사람입니다!"

"……!"

술탄이 충격으로 입을 쩍 벌렸다. 하지만 대신들은 이지가 엉뚱하게 대답했다고 생각하는 것 같았다.

"그게 어떻게 사람이야?"

"사람은 늘 두 발로 걷는다고."

"저 멍청한 아이는 처형을 피할 수가 업게 됐군."

이지가 술탄을 향해 물었다.

"전하, 제가 정답을 맞히지 못했나요?"

"크흐음……."

신음을 흘리던 술탄이 마지못해 고개를 까닥였다.

"무, 문제가 너무 쉬웠던 모양이다."

살라딘과 시르쿠가 반색했다.

"그, 그럼 정답이라는?"

"이지, 해냈구나"

이지가 대신들을 향해 큰소리로 설명해주었다.

"갓 태어난 갓난아기는 네 발로 엉금엉금 기어요. 그러다 자라면 두 발로 씩씩하게 걷지요. 하지만 늙으면서 사람은 지팡이에 의지해 다시 세 발로 걷게 됩니다. 지혜로우신 술탄께선 인간의 일생을 하루에 비교하신 거예요."

말을 마치자마자 이지가 오른손을 가슴에 붙이며 술탄을 향해 정중하게 허리를 조아렸다.

"신의 사도이며 시리아의 수호자이신 술탄의 위대함에 절로 머리가

숙여집니다."

이지를 따라 살라딘과 시르쿠도 머리를 숙였다.

"술탄께 경의를 표합니다."

굳어 있던 술탄의 표정이 풀리며 웃음이 떠올랐다.

"뭐 이 정도를 가지고 호들갑을 떨고 그러나? 그럼 지금부터 이집트 원정군 사령관 시르쿠로부터 출전 보고를 받도록 해볼까?"

시르쿠가 주먹을 가슴에 붙이며 씩씩하게 보고했다.

"저 시르쿠와 조카 살라딘은 술탄의 명을 받들어 우리의 신을 배신하고 적의 신에게 도움을 청한 이집트를 정벌하기 위해 출전합니다. 술탄의 영광과 위엄이 저 파티마 왕조 구석구석에 미칠 때까지 시르쿠와 살라딘은 목숨 바쳐 싸울 것입니다."

"짐은 그대들의 충성심을 믿고, 출전을 허락하노라."

술탄이 흡족한 표정으로 선언하자 대전에 만세 소리가 울려 퍼졌다.

"누레딘 술탄 만세!"

"장기 왕조 만만세!"

이때 살라딘이 술탄 앞에 다시 무릎을 꿇었다.

"출전하기 전에 한 가지 청이 있습니다, 술탄!"

"나즘 앗 딘의 아들 살라딘이여, 할 말이란 무엇이냐?"

시르쿠가 재빨리 그만두라는 눈짓을 보냈지만 살라딘은 고집을 꺾지 않았다.

"이번 원정에 저의 부친인 나즘 앗 딘도 동행할 수 있도록 허락해주십시오."

"응?"

술탄이 눈살을 찌푸리자 이지가 살라딘만 들을 수 있도록 나직이 외쳤다.

"살라딘, 그만둬. 술탄께서 화가 났단 말이야."

하지만 살라딘은 멈추지 않았다.

"아시다시피 부친은 술탄의 부왕이신 장기 술탄 때부터 이 왕조에 충성을 바쳐왔습니다. 그런 분을 인질로 잡아둔다는 것은 명예롭지 못한 일이라고 생각합니다. 그러니 부디……."

술탄의 표정이 굳어질수록 장내는 숨 막힐 듯한 침묵에 잠겼다. 한참만에야 술탄이 낮게 깔리는 소리로 살라딘을 불렀다.

"살라딘."

"옙."

"둘 중 하나를 택해다오."

"무슨 말씀이신지……?"

"살아 있는 아비를 이곳 다마스쿠스에 남겨두고 원정을 떠나겠느냐, 아니면 죽은 아비를 마차에 태워 원정에 데려가겠느냐?"

"수…… 술탄……?"

뱀처럼 눈을 번뜩이는 술탄을 보며 이지는 소름이 쫙 끼쳤다. 그리고 위험한 일이 벌어지기 전에 살라딘의 입을 막아야겠다고 생각했다. 저 살찐 술탄에 비해 살라딘은 너무 순진한 것이다. 하지만 미처 말리기도 전에 살라딘이 폭발하고 말았다.

"술탄, 어째서 충성밖에 모르는 저희 부자를 의심하십니까? 충성심은 힘으로 눌러 생기는 것이 아니라 군주와 신하의 믿음을 통해 자라난다는 사실을 어찌 모르십니까?"

눈물을 쏟으며 소리치는 살라딘을 가리키며 술탄이 뚱뚱한 몸을 푸들푸들 떨었다.

"저, 저놈이 죽으려고 환장했구나?"

시르쿠와 이지가 달려들어 무작정 살라딘의 머리를 찍어 눌렀다.

"조카 녀석이 제정신이 아닙니다, 술탄."

"부디 너그러이 용서하십시오."

"시끄러우니 썩 나가서 원정이나 떠나도록 해라!"

"감사합니다! 반드시 파티마 왕조를 무너뜨리고 돌아오겠습니다!"

이집트까지는 머나먼 길이었다. 시리아와 이집트 사이를 가로막고 있는 예루살렘 왕국을 길게 우회하느라 도착하는 데만도 일 년이 넘는 시간이 걸렸다. 낮에 불어닥치는 뜨거운 모래폭풍과 밤에 내리는 찬 서리를 견디며 이지와 살라딘과 시르쿠를 비롯한 일만여 명의 무슬림 병사들은 힘겹게 전진했다.

"나는 이제부터 술탄에 대한 충성심을 버리겠어. 나는 나 자신과 신을 위해 싸우겠어."

다마스쿠스를 떠나면서 살라딘은 그렇게 맹세했다. 원정 기간 내내 살라딘은 말이 거의 없었고, 좀 더 신중한 성격으로 변한 것 같았다.

시르쿠와 살라딘의 군대는 마침내 국경을 넘어 이집트에 도착했다. 이집트에 도착한 시르쿠는 시리아 왕국에 도움을 요청한 파티마 왕조의 재상 샤와르가 자신들을 영접할 줄 알았다. 하지만 그때까지 두 패로 나뉘어 치고받던 파티마 왕조의 귀족들은 외부의 군대가 나타나자 하나로 뭉쳐 저항하기 시작했다. 결국 시르쿠의 군대는 이집트 군대와 힘겨운 전투를 벌이며 진격해야 했다. 이후 시르쿠의 군대가 카이로에 입성하여 파티마 왕조를 완전히 무너뜨리기까지는 수년의 세월이 걸렸다.

카이로에 입성하자마자 살라딘에게 안 좋은 일이 생겼다. 삼촌인 시르쿠가 갑작스런 병에 걸려 쓰러진 것이다. 의원들을 동원해 치료해봤지만 시르쿠의 병은 점점 악화되기만 했다.

어느 여름 밤, 왕궁의 총독 관저에 머물고 있던 시르쿠가 살라딘을 급히 찾는다는 전갈이 왔다. 살라딘은 이지와 함께 급히 총독 관저로 달려갔다. 시리아에서 데려온 장군들과 의원들에게 둘러싸인 채 침상에 누워 있던 시르쿠가 살라딘과 이지를 발견하자 가까이 다가오라고 손짓했다. 살라딘이 상기된 얼굴로 삼촌에게 다가갔다. 시르쿠의 얼굴은 지난 며칠 새 눈에 띄게 수척해져 있었다. 초점을 잃은 삼촌의 눈을 보며 살라딘은 그의 생명이 얼마 남지 않았음을 깨달았다. 설움이 복받쳐 살라딘의 눈가가 붉어졌다. 시르쿠는 살라딘이 아버지인 나즘 앗 딘 다음으로 존경하는 인물이었다. 게다가 이곳에서 전쟁을 하는 사이 시리아에 있던 아버지도 돌아가신 터라 살라딘은 시르쿠마저 잃을까 두려워했다. 그런 살라딘의 손을 잡으며 시르쿠가 미소 지었다.

"슬퍼하지 마라, 살라딘. 우리 모두는 언젠가는 신께 돌아가게 되어 있지 않으냐?"

"하지만 이건 너무 빨라요. 삼촌과 내가 세운 그 많은 계획들은 다 어떡하라고요?"

"네가 하면 되지 않니?"

"예?"

시르쿠가 주위를 둘러보며 말했다.

"이미 장군들과 얘기를 마쳤다. 내가 죽으면 살라딘 네가 이집트의 총독이 되는 거다."

"하, 하지만……."

"장군들도 동의했어. 너의 용맹함과 지혜에 대해선 장군들이 더 잘 알고 있으니까. 일단은 총독이 돼라. 그 다음에 우리가 계획한 일들을 하나씩 해나가면 되는 거야."

"삼촌……."

살라딘과 시르쿠의 계획에 대해선 이지도 알고 있었다. 그들은 참으로 거대한 계획을 세워두고 있었던 것이다. 그리고 이지는 평소 서로를 완벽하게 믿는 두 사람이라면 충분히 그 일들을 해낼 수 있으리라 믿었다.

시르쿠의 시선이 생각에 잠겨 있는 이지에게로 향했다.

"이지."

"예, 말씀하세요."

"네가 나 대신 살라딘을 도와다오."

"저, 저한테 무슨 힘이 있다고……."

"누레딘 술탄 앞에서 당당하게 말하고, 어려운 수수께끼를 쉽게 푸는 너를 보며 보통 아이가 아니라고 생각했단다. 너라면 분명 살라딘에게 큰 힘이…… 힘이……."

"삼촌! 눈을 떠 봐요, 삼촌!"

시르쿠는 그날 밤을 넘기지 못하고 운명했다. 그리고 살라딘이 총독의 자리를 물려받았다. 총독 자리에 앉은 살라딘은 꼭두각시로 세워놓은 파티마 왕조의 국왕에게 청해 재상의 자리도 차지했다. 물론 이러한 사실을 명목상 주인인 시리아 왕국의 누레딘 술탄에게도 보고했다. 술탄은 사자를 급파해 살라딘이 삼촌의 지위를 이어받는 것을 허락했다. 동시에 시르쿠가 차일피일 미루고 있던 이집트에서 거둬들인 금을 본국으로 보내는 문제를 시급히 해결하라고 요구했다. 살라딘은 사자에게 몇 달 내로 금을 보내겠노라 술탄께 전해달라고 당부했다. 곁에서 지켜보며 이지는 살라딘이 절대로 금을 보내지 않을 것임을 알았다. 왜냐하면 시르쿠가 죽기 전부터 두 사람은 그 자금을 이용해 옹졸한 누레딘 술탄에게서 벗어나 이집트에 자신들만의 새로운 왕조를 세우기로 약속했기 때문이다.

그해 겨울, 파티마 왕조의 국왕이 후계자도 없이 갑자기 세상을 떠났다. 살라딘으로선 행운이 아닐 수 없었다. 시리아 왕국으로부터 벗어날 기회를 노리고 있던 살라딘은 비록 허울뿐이지만 명목상 모든 이슬람 세계의 지도자인 머나먼 바그다드의 칼리프에게 밀사를 보내 '칼리프를 대신해 이집트를 대리 통치하고 싶다'라는 뜻을 전했다. 칼리프는 비록 형식적이지만 새로운 이집트 왕을 자신의 신하로 둘 수 있게 되었으니 거절할 이유가 없었다. 결국 다음 해 봄이 되자 살라딘은 칼리프의 이름으로 이집트를 통치하게 되었다고 선언했다. 살라딘이 이집트의 왕이 된 것이다. 살라딘은 시리아에서 볼모가 되어 외롭게 죽어간 선친의 이름을 따서 자신의 왕조를 '아이유브 왕조'라 칭했다.

아이유브 왕조는 살라딘의 영도 아래 발전했다. 살라딘의 왕국에선 신하들이 편을 나눠 싸우는 짓 따윈 상상조차 할 수 없었다. 그런 신하는 자신들의 왕에 의해 무서운 벌을 받을 각오부터 해야 했다. 살라딘은 자신이 비축해 둔 식량을 풀어 기근에 시달리는 백성들을 구했고, 페스트가 창궐한 지역에 직접 뛰어들어 환자들을 치료했다. 새로운 왕은 이집트에서 다시는 이런 불행이 반복되지 않도록 가뭄에도 물을 댈 수 있는 수로를 만들고, 전염병이 발생하지 않도록 백성들을 배불려 먹였다. 그리고 부자나 가난한 자나 가리지 않고 법정에서 공정하게 재판을 받도록 했다. 그러면서도 왕은 감자와 밀가루 빵

콥즈로만 식사를 하고, 백성들보다 더 철저하게 기도 시간을 지켰다. 머지않아 백성들은 살라딘을 정복자가 아니라 자신들의 진정한 왕으로 섬기게 되었다. 살라딘의 이집트는 서서히 이슬람세계의 새로운 강자로 부상하기 시작했다.

"살라딘, 이 배은망덕한 놈! 당장 원정군을 준비해라! 살라딘을 멸망시킬 것이다!"

다마스쿠스의 누레딘 술탄은 당연히 노발대발했다. 그는 실제로 살라딘을 칠 원정군을 준비시켰다. 이 소식을 들은 살라딘도 전쟁 준비에 박차를 가했다. 이제 장기 왕조와 아이유브 왕조의 대결은 피할 수 없는 운명처럼 보였다.

그런데 이때 운명이 또 한 번 짓궂은 장난을 쳤다. 살라딘의 주인이었고, 그를 이집트로 파견해 왕으로 만들어준 누레딘 술탄이 갑작스럽게 세상을 떠난 것이다.

"서둘러 군대를 집결시켜라! 지금 당장 다마스쿠스로 갈 것이다!"

살라딘은 곧장 수만의 군대를 조직하여 시리아 왕국의 수도 다마스쿠스로 출발했다. 이글이글 타오르는 사막을 가로지르며 이지가 투덜댔다.

"쳇. 또 다시 사막을 건너가는군. 대체 이 지옥 같은 사막을 몇 번이나 건너야 하는 거야?"

살라딘이 이지 옆으로 말을 몰고 오며 장난스럽게 웃었다.

"그래도 고향으로 돌아가는 거잖아. 기분 좋게 생각하라고."

"가자마자 또 끔찍한 전쟁을 치러야 할 텐데, 그런 한가한 소리가 나와?"

"전쟁은 없을 테니까 걱정하지 마."

"전쟁이 없다니? 그게 무슨 소리야?"

살라딘이 갈색 눈동자를 의미심장하게 빛냈다.

"나는 다마스쿠스의 왕궁에 이미 사자를 파견했어. 나와 나의 군대는 누레딘의 아들인 새로운 술탄에게 충성을 바치기 위해 가는 길이라고 말이지."

"그 말을 믿을까?"

"물론 주위에 충신이 한 명이라도 있다면 어린 왕에게 나를 공격하라고 충고하겠지. 하지만 누레딘은 자신의 탐욕과 의심병 때문에 단 한 명의 충신도 남겨두지 못하고 떠났어. 그들 대부분은 이미 내가 보낸 편지와 금덩이를 받고 마음을 바꾸었을걸?"

"하아……."

이지가 새삼 질렸다는 듯 살라딘의 얼굴을 쳐다보았다. 지난 몇 년간 살라딘은 보통 사람으로선 상상조차 할 수 없을 정도로 치밀해져 있었던 것이다. 그런 살라딘이 믿음직스럽게도 했지만 이지는 살짝 걱정되기도 했다. 뭐랄까, 너무 앞만 보고 달려가는 느낌? 점점 가속도가 붙은 열차는 언젠가는 브레이크가 고장 나서 탈선해버리는 것이다.

다마스쿠스에 입성한 살라딘은 백성들로부터 열렬한 환영을 받았다. 그는 술탄의 갑작스런 죽음으로 혼란에 빠진 시리아 왕국을 구해 줄 구원자로 여겨졌다. 살라딘은 부하들에게 명령하여 백성들에게 이집트에서 가져온 재물과 식량을 나눠주도록 했다. 발 빠른 조치는 살라딘의 명성을 높이는 데 더욱 도움이 되었다. 왕궁을 수비하고 있던 전사들은 백성들의 열기와 살라딘 개인이 풍기는 엄청난 위엄, 그리고 그가 데려온 수만의 군대에 압도당해 성문을 활짝 열어주고 말았다.

살라딘은 누레딘 술탄에 의해 쫓겨났던 대전으로 당당하게 걸어 들어가 아직 너무 어린 새 술탄과 마주했다. 그 자리에서 살라딘은 어린 술탄에게 무릎을 꿇고 시리아 왕국의 보호자가 될 것을 맹세했다. 그 자리에는 이지도 있었다. 이지는 살라딘이 언제나처럼 자신의 맹세를 지킬 것이라 믿어 의심치 않았다. 하지만 이번만은 착각이었다.

우르르릉 콰앙!

폭우와 낙뢰가 몰아치는 한밤중에 이지가 왕궁의 복도를 빠르게 달려갔다. 그녀의 얼굴은 분노로 일그러져 있었다. 대전 앞을 지키고 있던 살라딘의 병사들이 심상치 않은 분위기를 풍기는 이지의 앞을 가로막았다.

"야심한 시각에 무슨 일이오?"

"비켜라! 살라딘을 만나야겠다!"

"이 시간에는 전하를 만나실 수 없소!"

"무엄하다! 내가 그의 친구임을 모르느냐?"

"아무리 친구라 해도 안 되오!"

이때 대전 안쪽에서 살라딘의 착 가라앉은 목소리가 들렸다.

"내 친구를 들여보내도록 해라."

대전 안으로 들어서던 이지가 멈칫했다. 드넓은 대전 끝자락 옛 누레딘 술탄의 왕좌에 앉아 있는 살라딘의 모습을 발견했기 때문이다.

"하하……."

이지의 입술을 비집고 실망 섞인 웃음이 새어나왔다. 대전 양옆 아치형의 창문 밖에서 번갯불이 번뜩일 때마다 살라딘의 얼굴이 환하게 빛났다가 이내 어두워졌다. 그의 얼굴은 밀랍인형처럼 굳어 있어서 도무지 표정을 읽을 수가 없었다. 이지가 잔뜩 비틀린 미소를 머금은 채 살라딘을 향해 걸어갔다.

살라딘이 낮게 깔리는 소리로 물었다.

"왜 그렇게 화가 났지?"

"그걸 몰라서 물어?"

"모르니까 묻고 있지 않나."

"그 왕좌의 주인이 방금 전에 죽었어. 의원의 말로는 병으로 죽었다지만 나는 믿지 않아. 어린 술탄은 독살당한 거야."

이지가 손가락으로 살라딘을 겨누며 확신에 차서 외쳤다.

"바로 너, 살라딘에 의해!"

"으음……."

살라딘의 입에서 신음이 새어나왔다.

"그 자리가 그렇게 탐났어? 아니면 누레딘 술탄에게 복수하고 싶었어? 말끝마다 이슬람의 율법을 강조하는 네가……. 어떤 경우라도 이번 일은 옳지 않아. 율법 어디에 살인을 해도 좋다고 적혀 있지?"

한동안 입을 굳게 다물고 있던 살라딘이 옥좌에서 스윽 일어섰다. 그리고 천천히 계단을 밟고 내려왔다. 이지 바로 앞에 우뚝 서서 살라딘이 말했다.

"삼촌과 내겐 마지막 계획이 있었어. 그것은 바로 십자군에게 짓밟힌 성지 예루살렘을 되찾는 것이었지. 그런 다음에 그 땅에 모든 무슬림들과 모든 기독교인들이 평화롭게 어울려 살 수 있는 낙원을 건설하는 거야."

"……."

"그 거대한 목표를 위해 내 손에 피를 묻혔다면……, 신께서도 용서해주지 않으실까?"

"닥쳐, 위선자!"

이지가 뺨을 때리려는 듯 손바닥을 화악 쳐들었다. 하지만 그가 먼저 그녀의 손을 낚아채버렸다. 이지의 손목을 움켜잡은 채 살라딘이 조금은 서글픈 표정으로 말했다.

"네게 맞는 것은 나중으로 미룰게. 만약 내가 개인의 이익을 위해 꿈을 포기하거나, 꿈을 나의 욕심을 채우는 수단으로 이용한다면 그때 다시 나를 때리도록 해."

"이이……!"

이를 악물고 살라딘의 얼굴을 노려보던 이지가 그의 손을 거칠게 뿌리쳤다. 그리고 찬바람을 일으키며 대전을 빠져나갔다. 이지의 모습이 완전히 사라질 때까지 우두커니 서 있던 살라딘이 메카 방향으로 돌아섰다. 그리고 천천히 무릎을 꿇고 기도를 시작했다. 이마와 코를 바닥에 붙이는 절은 그날 밤 늦게까지 계속되었다.

"신이시여, 이 죄인을 용서하지 마옵소서."

5
예루살렘 왕국의 여왕 시벨라

   이집트와 시리아에 걸쳐 거대한 왕국을 건설하고 술탄의 자리에 오른 살라딘은 자신의 계획대로 십자군들이 세운 예루살렘 왕국 원정에 나섰다.

   그즈음 예루살렘 왕국을 십 년 넘게 잘 이끌어오던 보두앵 4세가 죽었다. 이후 예루살렘 왕국을 지탱하고 있던 유럽 출신의 귀족들 간에 심한 권력 투쟁이 벌어졌다. 보두앵 4세의 누이인 시벨라가 여왕이 되어 권력을 잡는 듯했으나, 프랑스 뤼지냥 출신의 귀족 '기'가 템플기사단 등 기독교 원리주의자들을 등에 업고 왕좌를 차지했다. 더구나 시벨라는 기를 통해 유럽으로부터 새로운 십자군을 받기를 원했던 귀족들의 성화에 못 이겨 기와 강제로 결혼까지 하게 되었다. 이 혼란의 틈을 놓치지 않고 살라딘은 수만의 기마병을 이끌고 친히 예루살렘 왕국 정벌에 나선 것이다.

그해 여름, 살라딘은 한때 자신이 점령했던 나란으로 진격하여 성을 단숨에 함락했다. 이 기세를 몰아 아크레, 베이루트, 시돈 등 기독교 국가의 주요 도시를 차례로 점령했다. 그로부터 며칠 후, 살라딘과 그의 군대는 마침내 예루살렘 성을 포위하게 되었다.

강렬한 햇살이 사막을 이글이글 달구고 있는 오후, 살라딘과 이지는 나란히 말을 타고 견고한 성벽으로 둘러싸인 성을 올려다보았다. 살라딘은 살짝 감상에 젖은 목소리로 말했다.

"저곳이 예루살렘 성이야. 수십 년 전에 기독교들이 무작정 쳐들어와 무슬림 백성들을 쫓아내고 차지한 땅이지. 당시 십자군은 무슬림 여자들과 아이들까지 살해했다더군."

살라딘의 눈가에 원한이 스치는 것을 발견한 이지가 따지듯이 물었다.

"그래서, 살라딘도 똑같이 복수를 하겠다는 거야?"

살라딘이 이지를 돌아보며 고개를 저었다.

"네가 나의 뺨을 때리려고 했던 그날 밤에 맹세했듯이 나는 예루살렘에 모든 기독교도와 모든 무슬림들이 한데 어울려 살 수 있는 낙원을 건설할 거야. 그러려면 학살 따윈 상상조차 해선 안 되겠지?"

"당연하지."

이때 성문이 살짝 열리는가 싶더니 로브를 걸치고 로브에 달린 모자로 얼굴을 가린 사람이 말을 몰고 달려 나오는 게 보였다. 무슬림 기마병들이 곧 그를 체포하러 달려갔다.

"웬 놈이냐?"

"신분을 밝혀라!"

무슬림 기마병들이 소리쳤지만 정체불명의 인물은 대답하지 않았다.

"모두 물러서라."

살리단과 이지가 병사들을 헤치고 나섰다. 살라딘이 정체불명의 인물을 쏘아보며 물었다.

"그대는 누구인가? 성에서 보낸 사자인가?"

"아……!"

순간 이지가 짧은 신음을 흘렸다. 이지가 살라딘을 향해 나직이 속삭였다.

"저 사람 여자야."

"네가 그걸 어떻게 알아?"

이지가 턱짓으로 눈앞에 있는 사람의 발을 가리켰다. 등자에 걸친 발에는 분명 여자들이 신는 굽 있는 신발이 신겨져 있었다. 놀란 눈으로 로브의 인물을 바라보던 살라딘이 나직이 중얼거렸다.

"그대는…… 여자인가?"

정체불명의 인물이 모자를 천천히 벗은 것은 그때였다. 풍성한 금발을 출렁이며 드러난 여자의 얼굴을 확인한 순간, 살라딘과 이지의 입에서 동시에 감탄사가 새어나왔다.

"오오……!"

살라딘 또래로 보이는 여자는 실로 엄청난 미인이었다. 단순히 미인이라고 표현하기 힘든 신비로운 느낌까지 풍기는 여자의 푸른 눈은 이슬처럼 촉촉한 물기를 머금은 채 반짝였고, 길고 또렷한 콧날은 바른 성품을 대변하는 것 같았다. 잘 익은 포도처럼 붉은 입술은 당장이라도 단물이 뚝뚝 흐를 것만 같았다. 그러면서도 꼿꼿한 목과 곧게 펴진 허리는 누구와도 비교할 수 없는 기품을 풍겼다. 이지가 힐끗 고개를 돌려 살라딘을 보았다. 평소 지나칠 정도로 냉정한 살라딘마저 이번만은 입을 헤 벌린 채였다.

살라딘을 깨어나게 해준 사람은 그를 환상의 나락으로 빠뜨린 바로 그 여자였다. 여자가 낮지만 저절로 기분이 좋아지는 목소리로 살라딘을 향해 말했다.

"처음 뵙겠습니다, 위대한 술탄이시여. 저는 예루살렘 왕국을 남편인 기 드 뤼지냥과 공동통치하고 있는 시벨라 여왕입니다."

"시벨라라고…… 당신이……?!"

살라딘이 한 번 더 놀랐다. 물론 그는 시벨라는 이름을 잘 알고 있었다. 그녀는 지난 수십 년 이래 예루살렘 왕국이 배출한 최고의 왕이라는 평가를 받았던 저 보두앵 4세의 누나였다. 그리고 '저 혼자 잘난 줄 아는 멍청이'라는 평가를 받고 있는 프랑스 뤼지냥 출신의 귀족 기와 강제로 결혼해야만 했던 불행한 여왕이기도 했다. 한동안 혼란스런 눈빛으로 시벨라를 바라보던 살라딘의 표정이 차분하게 가라앉았다.

살라딘이 평소처럼 감정이 느껴지지 않는 목소리로 시벨라에게 물

었다.

"여왕의 눈에는 내 뒤에 포진한 수만의 무슬림 군대가 보이지도 않소? 항복할 생각이 아니라면 어찌 혼자 말을 타고 이쪽으로 달려올 수가 있단 말이오?"

시벨라가 빙그레 미소 지으며 대답했다.

"지난 일 년 동안 술탄께선 우리 기독교도들의 여러 성을 점령하셨습니다. 그런데 저는 아직 술탄께서 힘없는 기독교도 백성들을 해쳤다는 소식은 듣지 못했습니다."

"흐음……."

"술탄께서 홀몸으로 온 연약한 여자를 해치지는 않으실 거라고 믿은 이유죠."

시벨라가 보통 여자가 아님을 이지는 단번에 알아보았다. 그리고 예쁘고 용감하고 똑똑하기까지 한 시벨라에게 홀딱 반해버렸다.

'나에게도 시벨라 같은 친구가 있었으면!'

결국 이지가 살라딘을 돌아보며 협박조로 말했다.

"손님이 왔으면 일단 천막으로 초대한 후 차를 대접하는 게 이슬람의 법도 아니던가?"

이지의 주장대로 세 사람은 살라딘의 천막 한복판 탁자에 둘러앉게 되었다. 각자의 앞에는 김이 모락모락 피어오르는 찻잔이 놓여 있었다. 서로를 마주보며 앉은 살라딘과 시벨라는 한동안 말이 없었다.

마치 소개팅을 주선한 사람처럼 두 남녀의 얼굴을 번갈아 보던 이지가 흠흠, 헛기침을 하며 입을 열었다.

"에헴. 그럼 각자의 소지품을…… 아니, 각자 하고 싶은 말을 해보시죠."

살라딘이 시벨라의 얼굴에 시선을 고정시킨 채 냉랭하게 말했다.

"용건이 있어서 찾아온 쪽이 먼저 말하는 게 순서겠지."

으이그. 까칠한 성격하고는.

"그럼 시벨라 여왕께서 먼저 말해보시겠어요?"

"감사해요, 레이디."

"감사는요, 무슨? 그리고 그냥 편하게 이지라고 불러주세요."

"고마워요, 이지 양. 그런데 술탄과는 어떤 관계이신지……?"

이지가 대답하려는데 살라딘이 싹둑 말을 잘랐다.

"나의 약혼녀요."

이지와 시벨라가 동시에 새된 소리를 질렀다.

"야…… 약혼녀……?!"

이지가 잡아먹을 듯 노려보았지만 살라딘은 시치미를 뚝 떼고 대답했다.

"그렇소, 나의 약혼녀요."

"그, 그렇군요. 이슬람 세계의 영웅과 결혼한다니 축하드려요, 이지 양."

"하하…… 축하는 무슨."

시벨라가 정색하며 살라딘에게 말했다.

"전하, 저는 휴전을 제안하러 왔습니다."

"이보시오, 여왕. 혹시 우리 군대가 예루살렘 성을 포위했다는 사실을 잊은 거요?"

살라딘이 코웃음을 쳤지만 시벨라는 여유를 잃지 않았다.

"제가 장님도 아닌데 어찌 모를 수 있겠습니까?"

"성안에 있는 기독교 군대라고 해봤자 고작 이만 정도. 하지만 성을 포위한 우리 무슬림 군대는 십만이 넘소. 휴전이란 원래 양쪽의 힘이 비슷할 때 이루어지는 법이오."

"하지만 트리폴리의 레몽 백작이 삼만의 병력을 거느리고 술탄의 등 뒤를 노린다면요?"

"레몽이 출전을 결심했다고?"

눈을 치켜뜨는 살라딘을 이지가 걱정스럽게 돌아보았다. 이지도 레몽의 이름을 알고 있었다. 그는 다마스쿠스와 인접한 기독교 도시 중 하나인 트리폴리 백작령을 다스리는 영주였다. 그가 병력을 동원한다면 살라딘은 앞뒤로 협공을 당할 수 있기 때문에 출전 전부터 사자를 보내 담판을 지었다. 레몽 백작이 출전하지 않으면 예루살렘 왕국이 멸망한 이후에도 트리폴리 백작령만은 인정해주겠다는 조건이었다. 그런데 지금 시벨라는 레몽 백작이 그 약속을 깨뜨렸다고 말하고 있는 것이다. 시벨라의 눈을 보며 이지는 그녀가 거짓말을 하고 있는 게 아니라고 확신했다. 살라딘도 그렇게 생각하는 것 같았다. 희미하게 미소 지으며 차를 홀짝이는 시벨라의 얼굴을 턱을 매만지며 주시하던 살라딘이 내뱉듯이 말했다.

"휴전 조건을 말해보시오."

"예루살렘 성으로부터 백 리 밖으로 물러나주세요. 그리고 양측 군대가 서로에게 적대적인 행동을 하지 않는 한, 공격하지 않기로 맹세하는 겁니다. 그럼 우리도 성문을 열고 무슬림 순례자들과 상단이 메카와 메디나에 이어 이슬람의 삼대성지인 예루살렘을 방문할 수 있도록 허락하겠습니다."

살라딘이 주먹으로 탁자를 내리쳤다.

"말도 안 되는 소리! 우리 무슬림 군대는 승리를 눈앞에 두고 있소!"

"트리폴리의 군대가 도착하면 승부를 예측할 수가 없죠."

"레몽 같은 겁쟁이는 두렵지 않소."

시벨라가 잠시 말을 멈추고 흥분한 살라딘의 얼굴을 조용히 보았다. 잠시 후, 그녀가 차분한 목소리로 말했다.

"잘 생각해보세요, 살라딘. 저희가 성안에서 죽기로 버티면 무슬림 군대는 곧 물 부족에 시달릴 거예요. 그때 레몽의 군대가 도착하면 어떻게 될까요? 아무리 용감한 군대도 사막에서 물이 없으면 무기력해진다는 사실을 누구보다 잘 아시잖아요."

"으음……."

할 말을 잃은 살라딘이 입술을 꾹 다물고 신음을 흘렸다. 이지가 옆구리를 쿡 찌르자, 살라딘이 힐끗 보았다. 살라딘과 시선을 교환하며 이지가 고개를 가로저었다. 살라딘도 이미 시벨라의 제안을 받아들일 수밖에 없음을 알고 있는 것이다.

살라딘이 시빌리에게 시선을 옮기며 말했다.

"좋소. 휴전 제안을 받아들이리다."

"감사합니다, 술탄."

피를 흘리지 않아도 된다는 사실에 신이 난 이지가 재빨리 펜과 잉크를 가지고 돌아왔다. 그 자리에서 살라딘과 시벨라는 휴전협정 문서에 사인했다.

협정 문서를 가지고 돌아가는 시벨라를 살라딘과 이지가 배웅했다. 시벨라가 말 위에서 살라딘과 이지를 향해 머리 숙여 인사했다.

"두 분의 호의는 잊지 않겠습니다. 결혼식 날 저도 꼭 초대해주세요."

"하하! 그런 게 아니라…… 윽!"

진실을 밝히려는 이지의 옆구리를 살라딘이 아프게 찔렀다.

"신의 가호가 언제나 두 분께 머물기를!"

시벨라가 금발을 휘날리며 성을 향해 달려갔다. 시벨라의 모습이 완전히 사라질 때까지 살라딘은 눈을 떼지 못했다.

"쯔쯔. 그러게 왜 괜한 거짓말을 해서는!"

"무, 무슨 소리야?"

"시벨라가 마음에 들지?"

살라딘이 펄쩍 뛰었다.

"무슨 헛소리야? 오늘 처음 만난 여자를 어떻게 좋아하겠어?"

"사랑에 빠지는 데 시간은 중요하지 않은 법."

"아니라니까!"

"알았어, 알았다고."

"더 이상 장난칠 시간 없어. 장군들을 모아놓고 후퇴 계획을 짜야 겠다."

살라딘은 시벨라와의 약속을 철저히 지켰다. 예루살렘에서 백 리 정도 떨어진 사마리아로 물러나 진을 친 것이다. 그리고 예루살렘 왕국이 약속을 지키는지를 가만히 지켜보았다.

예루살렘 성안, 시벨라의 상황은 살라딘보다 좋지 않았다. 그녀는 군사력으론 도저히 살라딘을 꺾을 수 없음을 알고 재빨리 트리폴리 백작 레몽을 움직였다. 레몽이 출전했다는 소식이 전해지자 즉시 살라딘의 진영으로 갔고, 술탄과의 협상이 성공해 귀족들과 백성들은 목숨을 구할 수 있었다. 그러나 템플기사단 등 강경파들은 오히려 여왕을 비난하고 나섰다. 그 선두에는 황당하게도 허울뿐인 남편 기 드 뤼지냥이 있었다.

성의 대전에서 기가 시벨라에게 항의했다.

"이번 여왕의 행동은 참으로 무모했소."

기의 뒤쪽에 서 있는 템플기사단장을 비롯한 강경파 귀족들을 한심한 눈으로 둘러보던 시벨라가 억지로 미소를 지었다.

"그 무모함 때문에 여러분이 아직 숨을 쉬고 있는 거랍니다."

기가 코웃음을 쳤다.

"주님의 가호를 받는 우리가 지키고 있는 이상 살라딘은 결코 성을 함락시키지 못하오."

"물론 주님은 우리를 걱정하시지만 우리의 안전은 우리 스스로 지켜야 합니다."

"목숨을 지키기 위해 이교도들이 신성한 예루살렘을 침범하도록 허락했소?"

시벨라가 한숨을 푹 내쉬었다.

"이슬람 순례자들과 상인들이 예루살렘을 방문하도록 허락한 것뿐이에요. 그런 식으로 신뢰를 쌓아야 살라딘이 영원히 예루살렘을 정복할 필요성을 느끼지 못할 테니까요."

"우리는 성지를 보호하고, 이교도들을 몰아내기 위해 머나먼 유럽에서 이곳까지 건너왔소. 이제와 겁을 먹고 살라딘에게 굴복한다면 죽어서 천당에 가지도 못할 거요."

"굴복이 아니라 사이좋게 지내자는 거예요."

"이제 그만하시오, 시벨라. 우리는 당신이 살라딘과 맺은 협정에 따르지 않을 거요."

"그럼 우린 다 죽어요."

"당신의 설득 덕분에 트리폴리의 레몽이 합류하지 않았소. 그 정도 병력이면 살라딘과 충분히 싸워볼 만하오."

"으음……."

시벨라가 더 이상 반박하지 못하고 신음을 흘렸다. 이 성안에 있는 모든 남자가 멍청이처럼 보였다. 그중에서도 남편이란 작자가 가장 멍청하다고 시벨라는 생각했다. 얼마 전까지 왕국을 다스리던 동생 보두앵 4세라면 결코 이렇게 무모하게 행동하지는 않았을 것이다. 보두앵 4세는 무슬림들을 자극하지 않으려고 무던히 노력했다. 시벨라는 그런 동생을 존중했지만 기와 같은 작자를 남편으로 삼아준 것만은 이해할 수 없었다.

기가 호언했던 대로 평화는 오래가지 못했다. 겨울이 끝나갈 무렵, 무슬림 순례자와 상인 수백 명이 예루살렘 성을 향해 접근했다. 그들의 손에는 시벨라 여왕이 발급한 통행증이 들려 있었다. 눈앞에 웅장한 성이 나타나자, 순례자들은 수십 년 만에 성지를 밟게 되었다는 감격에 눈물을 글썽였다. 그 눈물이 채 마르기도 전에 성문이 열리며 기독교 기마병들이 쏟아져 나왔다. 그들은 일말의 망설임도 없이 검과 창을 휘둘러 무장도 하지 않은 무슬림들을 살육했다.

"시벨라의 남편이자 예루살렘 왕국의 국왕인 기가 우리 순례자들을 모조리 살해했다고?"

천막 안에서 보고를 받은 살라딘이 박차고 일어섰다. 이지도 충격을 받기는 마찬가지였다.

"시벨라가 그럴 리 없는데……?"

"교활한 이교도 계집을 믿은 내가 바보였다."

"일단 사정을 좀 알아보고……."

"여봐라! 당장 전군에 출전 명령을 내려라!"

이지가 살라딘을 진정시키려 해봤지만 소용없었다. 결국 그날 해질 무렵, 살라딘은 전 병력을 이끌고 예루살렘 성을 향해 진군했다. 이지도 불안한 얼굴로 따라갔다. 예루살렘에서도 기와 레몽이 이끄는 오만 명의 연합군이 살라딘을 맞으러 출전했다는 보고가 전해졌다.

정확히 사흘 후, 양쪽 군대는 갈릴리 부근에서 조우하게 되었다. 기가 이끄는 군대는 갈릴리 남단의 세포리스에 진지를 구축했고, 레몽은 티베리아스에 요새를 만든 상태였다.

살라딘과 이지가 말을 타고 나란히 서서 방책으로 둘러싸인 기의 진지를 바라보았다. 살라딘이 낮게 깔리는 소리로 말했다.

"저 진지 안에는 오아시스가 있어. 사막에서의 전투는 누가 오아시스를 차지하느냐에 달려 있지."

"그럼 어떡하지?"

"일단 기를 끌어내야지?"

"저런 좋은 위치를 포기하려고 할까?"

"기는 멍청한 남자야. 그러니까 시벨라가 얻어낸 최상의 휴전 협정을 휴지로 만들었겠지."

"하긴……."

"기가 저렇게 날뛰는 것은 트리폴리 백작 레몽을 믿기 때문이야. 그 믿는 구석을 불안하게 만들면 견디지 못하고 뛰쳐나올걸."

"그렇겠구나."

"전군, 티베리아스로 회군한다!"

살라딘은 즉시 움직였다. 바람처럼 티베리아스로 진격한 것이다. 공격당한 레몽은 기에게 도움을 청했다.

"진지 밖으로 나가면 안 됩니다!"

"오아시스를 잃으면 끝장입니다!"

부하들이 말렸지만 기는 짜증을 부렸다.

"멍청이들아, 레몽이 당하면 다음은 우리 차례야. 당장 성문을 열고 살라딘의 배후를 쳐라."

결국 기의 성화에 못 이긴 기독교 병사들은 사막을 가로질러 티베리아스로 향했다. 하지만 사막에는 살라딘의 주력부대가 매복하고 있었다. 말과 함께 엎드려 있던 살라딘이 벌떡 일어서며 검을 쳐들었다.

"적이 함정에 빠졌다! 공격!"

"와아아!"

무슬림 기마부대가 기의 군대를 향해 성난 파도처럼 돌격했다. 기는 당황하여 허둥댔다.

"이, 이놈들이 나를 속였구나! 막아! 적을 막아라!"

왕이 허둥대니 부하들이 제대로 싸울 리 없었다. 기독교도 병사들은 차례로 피를 뿌리며 쓰러졌다.

"으악!"

"도, 도망쳐!"

자욱한 모래먼지가 하늘에 닿을 듯 치솟고 병사들의 비명 소리가 끔찍하게 울려 퍼졌다. 오전에 시작된 싸움은 오후까지 계속되었다. 기의 군대는 치명적인 타격을 입고 퇴각했다.

"후퇴! 후퇴!"

공포에 질린 기가 부상병들을 짓밟고 도망쳤다.

"저기 기독교도의 왕이 있다!"

"저놈을 잡아라!"

흥분하여 추격하려는 부하들에게 살라딘이 재빨리 멈추라는 명령을 내렸다. 이지가 숨을 헐떡이며 살라딘에게 물었다.

"왜 추격하지 않는 거야?"

살라딘의 입가에 희미한 미소가 걸렸다.

"자기 부하들을 짓밟으며 도망치는 왕이 왕이라고 할 수 있을까? 저런 자는 가만히 놔둬도 스스로 무너지게 되어 있어."

"하긴……."

"서두르자. 내일 중으론 전투를 끝내고, 예루살렘을 향해 진격해야 해."

예루살렘이라는 단어를 입에 올리는 순간, 살라딘의 얼굴에 은은한 분노가 어른거리는 것을 이지는 놓치지 않았다. 얼음 심장을 가진 살라딘이지만 그 성에 살고 있는 여왕에게 특별한 호의를 품고 있었음을 이지는 알고 있었다. 자신의 호의가 배신당했기에 은원이 분명한 이 남자가 더욱 화가 나 있다는 사실도. 시벨라의 풍성한 금발과 푸른 눈동자를 떠올린 이지가 한숨 섞인 음성으로 중얼거렸다.

"기와 같은 남자와 강제결혼을 해야 했던 시벨라도 참 얄궂은 운명이로군."

다음 날 새벽, 기가 이끄는 기독교군은 완전히 기진맥진했다. 살라딘은 일정한 거리를 두고 기독교군을 계속 추격했다. 그러면서도 절대 거리를 좁혀 전투를 벌이지는 않았다. 마치 사냥감을 구석으로 모는 사냥꾼처럼 냉철한 살라딘을 보며 이지는 혀를 내둘렀다.

동이 트기 직전, 이지와 나란히 말을 타고 가던 살라딘이 명령을 내렸다.

"사방에 불을 피워라."

"갑자기 불은 왜 피우라는 거야?"

이지를 돌아보며 살라딘이 피식 웃었다.

"날이 밝으면 적이 상황을 파악하겠지. 그 전에 완벽한 포위망을 구축하려는 거야."

이번에도 살라딘의 계획은 들어맞았다. 밤새 공포에 시달린 기독교 병사들은 날이 밝기만 기다렸다. 그들에겐 아침 햇살이 지옥 같은 밤에서 벗어날 수 있는 유일한 구원이었다. 그러나 사방에서 연기가 피어오르며 사위가 다시 어두워지자 기독교 병사들은 패닉에 빠져 갈팡질팡했다. 그 사이 살라딘의 부하들은 재빠르게 적을 완전히 포위할 수 있었다.

사막 한복판에 갇힌 기가 우왕좌왕하는 병사들 사이를 누비며 미친 듯이 소리를 질렀다.

"전투 준비! 전투 준비! 수비대형을 갖춰라!"

하지만 밤새 물 한 모금 마시지 못한 병사들은 왕을 향해 애원했다.

"전하, 목이 마릅니다!"

"물을 주십시오, 전하!"

기는 물이 없으면 전투를 치를 수 없음을 깨닫고 당황했다. 근처에는 우물 하나 보이지 않았기 때문이다. 이때 무슬림 병사들이 구축한 포위망 한쪽이 허술해지는 게 느껴졌다. 그쪽을 돌파하면 오아시스가 있다는 사실을 알고 있는 기가 명령했다.

"저쪽에 오아시스가 있다!"

"와아아아!"

오아시스라는 말에 기독교 병사들이 필사적으로 포위망을 뚫었다. 무슬림 병사들은 별 저항도 하지 않고 순순히 길을 터주었다. 이지와 살라딘이 언덕 위에 나란히 서서 오아시스를 향해 질주하는 적군을 굽어보고 있었다.

"사막에선 물이 없으면 전쟁을 치를 수 없다며? 그런데 왜 오아시스를 넘겨주는 거야?"

"때론 갑작스런 축복이 불행의 씨앗이 되기도 하는 법이지."

무슨 말인지 알아들을 수 없었지만 이지는 이번에야말로 살라딘이 기의 군대를 끝장내려 한다는 사실을 알았다. 그리고 이런 이지의 예감

은 정확히 들어맞았다.

"이놈들아, 무작정 물로 뛰어들면 어떡해? 일단 방어태세를 갖추란 말이다! 적이 등 뒤에 왔단 말이다, 이놈들아!"

기가 오아시스로 뛰어든 병사들을 끄집어내려고 애썼지만 소용없었다. 밤새 갈증에 시달린 병사들은 눈이 뒤집혀 물을 마시기에 급급했다. 바로 뒤까지 살라딘과 무슬림 군대가 다가왔지만 기독교군은 싸울 생각도 하지 않았다.

"이…… 이런……?!"

기가 절망적인 눈으로 돌아보았을 때, 살라딘은 이미 그의 눈앞에 서 있었다.

"예루살렘 왕국의 국왕 기 드 뤼지냥, 헛된 죽음을 당하지 말고 항복하기를 권하노라."

6
지루한 공성전

　예루살렘 왕국의 국왕 기 드 뤼지냥은 결국 살라딘 앞에 무릎을 꿇고 검을 바쳤다. 살라딘은 널찍한 양산 아래의 옥좌에 앉아 기가 바친 검을 받았다. 이지도 바로 옆에 서서 차갑게 눈을 빛내는 살라딘과 공포에 질려 떨고 있는 기를 바라보았다. 한동안 기를 쏘아보던 살라딘이 나직이 입을 열었다.

"그대를 죽이지는 않겠노라."

"후우우."

기의 입에서 안도의 한숨이 새어나왔다.

"대신 그대는 나의 포로가 되어 이곳에 머물러야 한다."

"은혜에 감사드립니다, 살라딘. 과연 이슬람 세계를 통일한 위대한 술탄다우십니다."

이마가 땅에 닿을 듯 머리를 조아리는 기를 향해 살라딘이 내뱉듯이 물었다.

"그렇게 나에 대해 잘 알고 있는 자가 어째서 도전을 했는가?"

"예?"

"왜 그대의 아내가 만들어놓은 휴전 협정을 스스로 깨뜨려 수많은 부하들을 죽음으로 내몰았는가 말이다."

"그…… 그것은 저의 뜻이 아니옵고……."

"그대가 예루살렘 왕국의 왕이 아닌가? 그런데도 우리 무슬림 순례단을 공격한 게 그대의 뜻이 아니었다고?"

우물쭈물하던 기가 간신히 변명거리를 찾아냈다.

"실은 여왕인 시벨라의 뜻이었습니다. 그녀는 저와 함께 왕국을 공동통치하고 있기 때문에 그녀의 뜻을 무시할 수 없었습니다."

이지가 보기에 저 비겁한 남자는 거짓말을 하고 있는 게 분명했다. 그러나 살라딘은 놀랍게도 저 말을 믿는 눈치였다.

"그게 틀림없는 사실이냐?"

"제가 어찌 거짓을 아뢰겠습니까?"

"그럼 내가 이제 어떡하면 좋겠느냐?"

"다, 당연히 예루살렘 왕국을 공격해 시벨라를 응징하셔야……."

이지가 더 이상 참지 못하고 빽 소리쳤다.

"그걸 지금 말이라고 하는 거예요? 어쨌든 시벨라는 당신의 아내잖아요!"

지루한 공성전

기가 지지 않고 받아쳤다.

"흥! 우리는 결혼 증명서에 사인만 했을 뿐, 손 한 번 잡아보지 못한 사이야. 그런 게 무슨 부부라고 할 수 있겠나?"

천연덕스럽게 말하는 기의 얼굴을 이지가 기가 막힌 듯 쳐다보았다. 살라딘이 귀찮다는 손을 휘휘 내저었다.

"그만 나가보도록 하라."

"예, 술탄."

기가 물러가자마자 이지가 한숨을 푹 쉬었다.

"저런 한심한 남자가 남편이라니, 시벨라도 불쌍하지 뭐야?"

"……"

여전히 굳어 있는 살라딘의 눈치를 살피며 이지가 말했다.

"기의 말은 거짓이 틀림없어. 시벨라가 자신이 맺은 휴전협정을 깨뜨렸을 리 없다고."

"그야 확인해보면 알겠지."

살라딘이 표정을 풀지 않고 일어섰다.

기의 군대를 완전히 물리친 살라딘은 병력을 총동원해 레몽 백작의 군대를 공격했다. 레몽 백작은 며칠 버티지 못하고 항복했다. 레몽마저 물리친 살라딘은 곧장 예루살렘으로 향했다. 기독교 군대는 거의 전멸당했으므로 이제 살라딘의 앞을 가로막을 적은 없었다. 살라딘은 다시 한 번 예루살렘 성을 포위했다. 십만에 육박하는 병사들이 방책을 세우고 단 수천의 병력과 유럽 출신의 주민들이 지키고 있는 성을 겹겹이 에워쌌다.

　예루살렘 성에 대한 포위가 완전히 끝난 것은 저녁 무렵이었다. 사막의 열기를 고스란히 머금은 노을빛이 유난한 저녁이었다. 그 아래 광활한 모래벌판은 황금빛으로 출렁였다. 아주 멀리서 지중해의 바람이 불어와 방책 앞에 나란히 서 있는 이지와 살라딘의 머리카락을 흔들었다. 기분 좋은 저녁이라고 이지는 생각했다. 하지만 눈앞에 버티고 서 있는 오래된 성은 불길한 기운에 싸여 있었다. 성첩 위에 활과 창을 들고 서 있는 기독교 병사들의 얼굴에도 긴장감이 역력했다. 그들도 들판을 가득 메운 살라딘의 군대를 보고 암울한 미래를 예측할 수 있었으리라.
　잠시 후, 성문 바로 위로 시벨라의 모습이 나타났다. 오랜만에 다시 만난 시벨라의 얼굴에는 수심이 가득해 보였다. 금발을 휘날리며 한동안 말없이 살라딘과 이지를 내려다보던 시벨라가 손나발을 만들어 소리쳤다.
　"살라딘, 이렇게 다시 만나는군요!"
　살라딘도 소리를 질렀다.
　"우리가 다시 만난 것은 당신 덕분이오! 당신이 휴전 협정을 깨뜨리지만 않았다면 전투가 다시 시작되지 않았을 테니까!"
　멀리서도 시벨라가 어깨를 축 늘어뜨리는 게 보였다. 골똘히 생각에 잠겨 있던 시벨라가 살라딘을 향해 다시 소리쳤다.

지루한 공성전

"우리에게 원하는 게 뭔가요?"

"즉시 무기를 버리고 항복하시오! 그러면 기독교도들의 목숨만은 보장해줄 것이오! 하지만 저항한다면 죄 없는 순례자들을 살해한 책임을 물어 나 역시 그대들을 응징할 것이오!"

시벨라는 선뜻 대답하지 못했다. 당장은 망설이고 있지만 이지는 시벨라가 항복하리라 믿었다. 그런데 시벨라의 입에선 전혀 뜻밖의 말이 튀어나왔다.

"우리는 예루살렘 성을 끝까지 지킬 것입니다."

"!"

이지는 물론 살라딘도 충격을 받았다. 시벨라의 차분한 목소리가 계속 들려왔다.

"이 성의 주민 대부분은 머나먼 유럽에서 정착할 곳을 찾아온 이주민들이에요. 이들은 유럽에선 씨를 뿌릴 농토 한 뼘 갖지 못한 가난한 사람들이었지요. 그래서 자식들을 배불리 먹일 수 있는 신천지를 찾아 위험을 무릅쓰고 지중해와 사막을 가로질렀어요. 이들은 약속의 땅 예루살렘에서 지난 수십 년간 터를 닦으며 살아왔어요. 이들에겐 이곳이 고향이고, 유럽 대륙 어디에도 이들이 돌아갈 땅은 존재하지 않습니다."

살라딘의 표정이 사납게 변했다.

"그래서 죽어도 성을 포기하지 못하시겠다?"

"제 입장을 이해해 주세요, 술탄. 저는 신으로부터 주민들을 보호할

책무를 부여받은 여왕입니다."

살라딘이 버럭 고함을 질렀다.

"그럼 원래 그 땅에 살고 있던 무슬림들은 무슨 죄가 있어 고향에서 쫓겨났나?"

"!"

"너희는 그곳에서 고작 수십 년을 살았지만, 그들은 수백 년 동안 살아왔다. 그곳에 조상들의 뼈를 묻고, 사원을 세웠다. 그런데 너희는 성지를 회복한답시고 그들을 죽이고 쫓아냈지. 그런데도 고향 운운하며 버티겠다는 게 과연 용납될 수 있는 짓이라고 생각하느냐? 그대가 그대의 주민들을 보호하는 여왕이라면 나 또한 무슬림들의 원한을 풀어줄 책무가 있는 술탄이다!"

시벨라가 할 말을 잃은 채 살라딘의 얼굴을 멍하니 바라보았다. 잠시 후, 그녀가 살라딘을 향해 머리를 깊숙이 숙였다.

"억울하게 죽임을 당하고 추방당한 이 땅의 무슬림들에게 머리 숙여 사죄드립니다."

"사죄는 필요 없다. 예루살렘을 포기할 것인지 말 것인지나 얘기해라."

천천히 고개를 쳐드는 시벨라의 표정이 확고하게 변했다.

"죄송합니다만, 성은 돌려드릴 수 없습니다. 이곳은 우리의 터전이니까요."

참고 참았던 살라딘의 분노가 폭발했다.

"너희가 지금껏 우리 무슬림들을 학대했지만 나는 신의 가르침에 따라 관용을 베풀었다. 하지만 지금 이 시간부로 나에게 더 이상 자비를 바라지 마라. 만약 성이 함락된다면 나에게 저항했던 너희 기독교도들은 노인이든, 아이든 단 한 명도 살아남지 못할 것이다. 그러니 필사적으로 싸워라. 이제 너희를 구원할 수 있는 사람은 너희 스스로밖에 없다."

살라딘의 살기에 압도당한 시벨라의 얼굴이 하얗게 질려버렸다. 시벨라가 무슨 말인가를 하려는데, 살라딘이 먼저 명령을 내렸다.

"전군, 공격하라!"

"우와아아아!"

둥- 둥- 둥- 둥-

사막 전체로 북소리가 울려 퍼지면서 거대한 투석기 이십여 대가 앞으로 나왔다. 무슬림 병사들이 투석기에 큼직한 바위를 올려놓고 살라딘의 명령을 기다렸다.

"저기 살라딘…… 일단 시벨라를 한 번 만나보는 게……."

"발사!"

이지를 무시하고 살라딘이 외쳤다.

슈슈슈슈슉--!

요란한 파공음과 함께 스무 개의 바윗덩이가 일제히 성을 향해 날아갔다.

콰앙!

"꺄악!"

바위가 성벽에 꽂히자, 시벨라가 균형을 잃고 쓰러졌다. 갑옷을 입은 기사들이 황급히 달려와 여왕을 부축했다. 연달아 내리꽂히는 바위를 피해 시벨라가 서둘러 아래로 내려갔다. 사라지는 시벨라의 모습을 눈으로 좇던 이지가 살라딘을 휙 쨰려보았다.

"또 뭐가 불만이지?"

"시벨라가 다칠 뻔했잖아."

"이곳은 전쟁터야. 사람이 다치는 게 당연하지."

"하지만 시벨라는……."

살라딘이 이지를 휙 쨰려보았다.

"그녀는 어차피 적군의 여왕이야. 나와는 아무 상관도 없는 여자란 말이야."

사납게 일그러진 살라딘의 얼굴을 조용히 응시하던 이지가 씁쓸히 중얼거렸다.

"남자는 자기와 아무 상관없는 여자 때문에 화를 내지는 않아. 절대로."

살라딘이 등을 보이며 돌아서 버렸다.

"너랑 얘기하고 있으면 나까지 머리가 이상해지는 것 같군. 나는 전쟁을 지휘해야 하니, 너는 천막으로 돌아가 쉬도록 해."

"후우우."

결국 이지는 고개를 설레설레 흔들며 물러날 수밖에 없었다.

그날 이후, 사흘 동안 살라딘은 공성무기를 총동원해 예루살렘 성에 집중포화를 퍼부었다. 그런 다음 성문을 뚫을 수 있는 앞이 뾰족한 통나무와 수백 개의 사다리를 준비해 병사들을 거느리고 돌격했다.

"성을 넘어라!"

"적이 성벽을 기어오르지 못하게 하라!"

"무슬림의 전사들이여, 물러서지 마라!"

"기독교 형제들이여, 성지를 수호하자!"

성벽을 사이에 두고 양측 군대 간에 피 튀기는 백병전이 열흘 밤낮이나 계속되었다. 성은 단숨에 점령당할 것 같았지만, 직접 성벽 위로 올라와 검을 휘두르는 여왕의 모습에 감명 받은 기독교 병사들은 목숨을 내던지며 싸웠다. 덕분에 무슬림 전사들의 공격은 번번이 차단당할 수밖에 없었다.

"공격! 공격! 쉬지 말고 몰아붙여라!"

성벽 위에서 검을 휘두르는 시벨라를 발견하고 살라딘이 미친 듯이 소리를 질렀다. 이지가 그런 살라딘의 팔을 붙잡으며 소리쳤다.

"후퇴해야 해! 이러다간 얼마나 많은 무슬림 전사들이 희생당할지 몰라!"

"싫어! 오늘 밤은 어떻게든 결판을 낼 거야!"

"정신 차려, 살라딘! 이건 시벨라와의 감정 싸움이 아니야!"

"!"

이지가 버럭 고함치자 살라딘이 흠칫 정신을 차렸다. 이를 악물고 다시 한 번 성벽 위에서 부하들을 독려하는 시벨라를 바라본 살라딘이 퇴각 명령을 내렸다.

뿌우우우우--

뿔피리 소리가 길게 울리자 지친 무슬림 병사들은 예루살렘 성으로부터 물러났다.

"와아아아!"

동시에 성벽 위의 기독교 병사들이 시벨라 주변으로 몰려들어 창검을 흔들며 환호성을 질렀다. 어두워서 잘 보이지 않았지만 시벨라는 미소를 짓고 있는 것 같았다. 그러나 이지는 살라딘보다 시벨라가 더 걱정이었다. 고립된 성안에선 이미 식량과 물이 바닥을 드러내고 있을 것이다.

며칠 후, 성의 동태를 살피던 척후병으로부터 이지가 걱정하던 소식이 전해졌다. 이지는 살라딘의 천막 안에서 척후병의 보고를 함께 들었다.

"성안에서 전염병이 창궐했답니다. 병사들은 물론 백성들이 죽어가고 있다고 합니다."

시벨라의 안전이 걱정된 이지가 살라딘을 돌아보았다. 하지만 그는 척후병에게 퉁명스럽게 명령할 뿐이었다.

"더욱 자세히 적의 상황을 살펴라."

"알겠습니다, 술탄."

척후병이 물러가자마자 이지가 살라딘을 졸랐다.

"나를 성안으로 들어가게 해줘. 시벨라가 무사한지 봐야겠어."

"말도 안 되는 소리!"

"그녀가 죽게 내버려둘 수는 없어."

"대체 왜 그렇게까지 기독교도 여왕에게 집착하는 건데?"

"그건……."

이지는 선뜻 대답하지 못했다. 사실 이지의 시벨라에 대한 관심은 지나친 면이 있었다. 자신이 대체 왜 그러는지 곰곰이 생각하던 이지는 그 이유를 알아냈다. 이지는 실은 시벨라가 아니라 살라딘을 걱정하고 있었다. 이지는 자신이 어느새 살라딘을 좋아하고 있음을 깨달았다. 살라딘은 여러 가지 면에서 주노와 매우 닮았다. 그리고 이지는 이곳으로 오기 전 폭우가 쏟아지는 북한산에서 주노에게 씻을 수 없는 상처를 안겼다. 그때 주노에게 느꼈던 애잔한 감정이 묘하게도 살라딘에게 고스란히 옮겨간 것 같았다. 그래서 이지는 자신이 살라딘의 곁을 떠나기 전에 늘 앞만 보고 숨 가쁘게 달려온 그와 시벨라라는 사랑스런 아가씨를 연결시켜주고 싶었던 것이다. 물론 살라딘에겐 대충 얼버무릴 수밖에 없었지만.

"나, 나는 원래 착한 사람을 금방 알아봐. 시벨라는 내가 만나 여자 중 가장 착한 아가씨야. 그런 아가씨를 사랑 한 번 못 해보고 죽게 만드는 건 용서받지 못할 죄악이지."

"대체 무슨 말을 지껄이는지 모르겠군."

코웃음을 치는 살라딘을 뒤로하고 이지가 빙글 돌아섰다.

"도와주기 싫으면 관둬. 나 혼자서라도 성안으로 들어갈 테니."

"기다려!"

뒤쪽에서 살라딘이 이지의 어깨를 잡았다.

"그런 식으로 접근했다간 성문에 다다르기도 전에 고슴도치가 되고 만다고."

"그럼 도와줄 거지?"

배시시 웃는 이지의 얼굴을 살라딘이 짜증스럽게 쳐다보았다.

"이 동굴 정말 안전한 거야?"

잠시 후, 이지는 좁고 어둑한 동굴을 기어가고 있었다. 눈앞에는 앞장서 가는 살라딘의 토실토실한 엉덩이가 보였다. 살라딘의 설명에 의하면 이 동굴은 무슬림 병사들이 성에 침투하기 위해 뚫어놓은 것이라고 했다. 묵묵히 기어가는 살라딘을 향해 이지가 다시 물었다.

"그런데 이 동굴, 성의 어디로 연결된 거야? 꺄아악!"

대답을 듣기도 전에 이지의 몸이 아래쪽으로 푹 꺼졌다. 동굴이 끝나면서 추락해버린 것이다.

풍덩-!

이지와 살라딘이 웅덩이 같은 곳으로 처박혔다.

"에퉤!"

버둥거리다 간신히 일어선 이지가 침을 마구 뱉었다. 얄궂게도 두 사람이 처박힌 곳이 바로 오물구덩이였기 때문이다.

"왜, 왜 동굴의 끝이 오물구덩이란 말을 하지 않았…… 우웩!"

헛구역질하는 이지의 입을 살라딘이 재빨리 틀어막았다.

"쉬잇! 경비병들을 모조리 깨우고 싶어?"

온몸에서 생선 썩는 악취를 풍기며 두 사람이 간신히 구덩이 밖으로 기어 나왔다. 둘은 재빨리 달려가 성벽에 등을 붙이고 몸을 숨겼다. 눈앞에는 성 안쪽으로 이어지는 널찍한 길이 뚫려 있었다. 살라딘이 긴장된 눈으로 길을 살피는데, 이지가 소매에 코를 박고 킁킁 냄새를 맡았다.

"흐흑. 이게 숙녀의 몸에서 날 수 있는 냄새라고 생각해?"

"성안으로 들어오겠다고 억지를 부린 사람은 바로 너잖아."

"알았으니까 빨리 시벨라의 숙소나 찾아보자고."

두 사람이 성 안쪽으로 빠르게 걸음을 옮겼다. 이때 전방에서 기사로 보이는 남자 둘이 걸어오는 것이 아닌가. 이지가 재빨리 몸을 숨기려는데, 살라딘이 어깨를 잡았다.

"이미 우리를 봤어. 최대한 태연하게 걸어가도록 해."

"아, 알았어."

심장이 튀어나올 듯 쿵쾅거렸지만 이지는 최대한 태연하게 걸음을 옮겼다.

"어이, 너희들! 북쪽 성벽을 지키는 녀석들이냐?"

기사들은 이지와 살라딘을 부하로 착각한 것 같았다. 양쪽의 거리가 다섯 걸음 정도로 좁혀졌을 때에야 기사들이 우뚝 멈추며 칼자루를 잡았다. 하지만 이미 살라딘이 달려 나간 후였다.

"퍼퍽!"

살라딘의 멋진 가위차기에 두 기사가 비명도 지르지 못하고 동그라졌다.

"꺄악! 멋져!"

손뼉을 짝짝 마주치는 이지를 살라딘이 휙 째려보았다.

"쉬잇!"

"앗, 미안!"

살라딘이 기사들이 어깨에 두르고 있던 망토를 벗기며 말했다.

"이걸 쓰고 가자. 그럼 우리가 무슬림이란 걸 알아차리지 못할 거야."

살라딘이 기사들을 커다란 나무로 끌고 가 꽁꽁 묶었다. 재갈을 물리기 전 그들을 협박해 시벨라의 숙소도 알아냈다. 망토를 머리에서부터 뒤집어쓴 이지와 살라딘이 성 중심부의 마을로 향했다.

"오, 맙소사……!"

마을 안으로 들어서자마자 이지의 입에서 신음이 새어나왔다. 마을 곳곳에선 매캐한 연기가 뭉클뭉클 피어오르고 있었다. 널찍한 광장 군데군데 구덩이를 파고, 그곳에 전염병으로 죽은 시체들을 던져 넣은 후 불을 지른 것이다. 사방에서 시체 타는 냄새가 역하게 풍겼다. 살아 있는 사람들의 형편도 썩 좋아 보이진 않았다. 눈동자가 풀리고 입술이 하얗게 부르튼 병사들과 주민들이 벽에 등을 기대고 주저앉거나, 질척한 땅바닥에 엎드려서 죽음이 자신들을 데려가기를 기다리고 있었다. 헝겊으로 입과 코를 가린 병사들이 기다리고 있다가 숨이 끊어진 사람들을 끌어다가 구덩이에 던져 넣었다. 지상의 지옥도가 따로 없었다.

"이런 게 현실일 리 없어. 이건 지독한 악몽이 분명해."

이지가 걸음을 멈추고 눈물을 글썽였다. 다리가 후들거려 도저히 걸음을 내딛을 수가 없었다. 이때 저쪽에서 병사들에게 지시를 내리던 젊은 기사 한 명이 수상쩍다는 듯 이지와 살라딘을 쳐다보았다. 살라딘이 이지를 향해 재빨리 중얼거렸다.

"빨리 이곳을 벗어나지 않으면 들통 나고 말 거야."

"하, 하지만 걸음이 떨어지지 않아."

"자, 내가 팔을 잡아줄 테니까 천천히 움직여 봐. 우리가 여기서 잡히면 네가 그토록 좋아하는 시벨라를 구할 수도 없잖아."

"해, 해볼게."

살라딘이 팔을 잡아주자 이지는 왠지 힘이 솟는 기분이었다. 이지가 살라딘에게 의지해 간신히 걸음을 옮기기 시작했다. 끔찍한 불구덩이들을 지나쳐 두 사람이 간신히 시벨라의 숙소로 생각되는 건물 앞에 도착했다. 건물 입구를 병사 둘이 지키고 있었다.

맞은편 골목 안에 숨어 병사들을 훔쳐보며 살라딘이 속삭였다.

"두 녀석을 소리 없이 해치우긴 힘들겠는데?"

"나한테 맡겨."

"어쩌려고?"

"영화에서 보면 이럴 땐 꼭 미인계를 쓰더라고."

이지가 땅바닥에 떨어진 굵은 나무토막을 주워 골목 밖으로 나갔다. 살라딘이 급히 손을 뻗어 말리려 했지만 이미 때는 늦어버렸다.

"안녕하세요, 기사님들?"

눈웃음을 치며 다가오는 이지를 발견한 병사들이 흠칫 놀랐다. 이지가 짐짓 섹시한 미소를 지으며 병사들에게 얼굴을 디밀었다.

"실은 물어보고 싶은 게 있는데요."

"뭔데?"

"그게 실은……."

찰나의 순간 이지가 등 뒤에 숨기고 있던 나무토막을 번쩍 쳐들었다. 그리고 오른쪽 병사의 머리통을 힘껏 내리쳤다. 하지만 병사는 너무도 쉽게 이지의 손목을 낚아채버렸다.

"어라, 이게 아닌데?"

원래 이지의 계획은 이런 것이었다. 일단 병사들에게 다가간다. 그런 다음 섹시한 눈웃음으로 넋을 빼놓는다. 마지막으로 정신을 못 차리는 병사들을 머리를 차례로 내리쳐 기절시킨다. 이상 끝!

그런데 병사들의 정신은 지나치게 멀쩡했다.

"너 뭐하는 녀석이야?"

"이 녀석 수상한걸. 일단 끌고 가자."

"으앙! 그냥 장난 한 번 쳐본 거라고요."

이지가 버둥거리며 끌려가고 있을 때, 살라딘이 소리 없이 다가와 병사들의 뒷목을 차례로 내리쳤다. 이번에야말로 병사들이 끽소리 못 하고 쓰러졌다. 쑥스러운 듯 뒤통수를 긁적이는 이지를 향해 살라딘이 눈을 부라렸다.

"미인계 그거 다시는 하지 마."

"아, 알았어."

살라딘과 이지가 발소리를 죽여 건물 안으로 들어갔다. 그리고 운 좋게도 금방 시벨라의 방을 찾아냈다.

"이지 양! 술탄 전하?"

이지와 살라딘을 발견한 시벨라가 놀라 소리쳤다. 예전과는 달리 시벨라는 여왕답게 화려한 드레스를 입고, 머리에는 작은 왕관까지 쓰고 있었다. 이지가 시벨라에게 다가가 다정하게 손을 잡았다.

"시벨라, 무사했군요? 성안에 전염병이 돌고 있다고 해서 크게 놀랐어요."

"내가 걱정돼서 사지로 들어왔다고요?"

시벨라가 눈을 크게 뜨고 이지와 살라딘의 얼굴을 차례로 보았다. 시벨라와 시선이 마주친 살라딘이 무뚝뚝하게 말했다.

"멀쩡한 것 같군."

"예, 저는 무사합니다."

"이제 그만 항복하시지. 내가 보기에 이 성은 더 이상 버틸 힘이 없어."

시벨라의 표정이 확고하게 변했다.

"저희는 마지막 한 사람까지 싸울 겁니다."

"정말 고집불통이군. 대체 뭘 위해 싸우겠다는 거야?"

"그야 물론……."

쾅! 쾅!

시벨라가 말을 마치기 전에 요란하게 문을 두드리는 소리가 들렸다.

"전하, 레이먼입니다! 수상한 자들이 전하의 방으로 들어가는 것을 보았습니다! 어서 문을 열어주십시오!"

순간 이지와 살라딘의 얼굴이 핼쑥해졌다. 칼자루를 잡으며 문을 향해 다가가는 살라딘의 팔을 시벨라가 붙잡았다.

"싸움이 벌어지면 승산이 없어요. 그나저나 어떻게 들키지 않고 여기까지 왔죠?"

이지가 대답했다.

"북쪽 성벽 밑에 비밀 통로가 있어요."

"그쪽으로 안내할 테니, 일단 이쪽에 숨어 있어요."

시벨라가 급히 자신의 옷장을 열었다. 잠옷 몇 벌이 걸린 옷장을 쳐다보며 살라딘이 고개를 가로저었다.

"그러다 당신이 배신하면 우린 꼼짝없이 죽은 목숨이야."

"내가 걱정돼서 온 사람들에게 왜 그런 짓을 하겠어요?"

"내가 사라지면 이 절망적인 전쟁을 역전시킬 수 있을 테니까."

"아……!"

이지가 신음을 흘리며 시벨라를 보았다. 살라딘의 말에 일리가 있다고 생각했기 때문이다. 시벨라가 살라딘의 얼굴을 똑바로 응시하며 또박또박 말했다.

"물론 술탄께서 보통의 적이라면 백성들을 위해서 그렇게 할 수도 있겠죠. 하지만 술탄은 제가 세상에 태어나 처음으로 존경하게 된 남자랍니다. 그러니 저를 믿고 옷장 안으로 들어가 주세요."

"으음……."

살라딘이 여전히 망설였다. 이지는 물론 시벨라를 믿고 있었지만 강요할 수는 없었다. 이건 어찌 보면 술탄 살라딘과 그가 세운 제국의 운명이 걸린 문제였기 때문이다.

쾅! 쾅!

이제 문은 떨어질 듯 요동치고 있었다. 밖에서 도끼 같은 것으로 문짝을 부수고 있는 모양이었다. 마침내 결심을 굳힌 살라딘이 이지의 손을 잡고 옷장 안으로 뛰어들었다.

우당탕!

거의 동시에 문이 박살나며 아까 광장에서 이지와 살라딘을 수상쩍게 쳐다봤던 젊은 기사와 이십여 명의 병사들이 몰려 들어왔다. 시벨라가 애써 태연을 가장하고 말했다.

"밤늦게 웬 소란이죠?"

기사가 숨을 헐떡이며 시벨라에게 다가왔다.

"수상한 자들이 경비병을 쓰러뜨리고 이곳으로 침투하는 것을 보았습니다."

"내 방에는 아무도 들어오지 않았어요."

"하지만 이곳으로 들어오는 걸 분명히 봤습니다."

"오지 않았다니까요."

시벨라가 언성을 높이자 기사가 움찔했다. 그가 날카로운 눈초리로 넓지 않은 방안을 휘 둘러보았다. 과연 수상한 점은 보이지 않았다. 기사의 시선이 두 개의 문이 나란히 달려 있는 옷장으로 향했다. 기사가 옷장을 향해 돌아서며 말했다.

"외람된 말씀이지만, 저 옷장을 열어봐도 되겠습니까?"

"안 돼요!"

시벨라가 양팔을 벌리며 가로막자 젊은 기사가 입술을 씰룩였다.

"전하, 부디 허락해주십시오. 저는 그냥 물러가고 싶어도 부하들이 이해하지 못할 겁니다."

기사가 자신의 뒤에 버티고 서 있는 병사들을 가리켰다. 병사들의 눈은 살기로 번질거리고 있었다. 전황이 절망적으로 돌아가고, 전염병까지 유행하면서 병사들이 귀족들의 말을 거역하기 시작했다. 무리하게 병사들을 몰아붙이던 귀족 몇이 부하들의 손에 살해당하는 사건까지 일어났던 터라 옷장을 뒤지지 못하게 했다간 아무리 여왕이라도 무슨 일을 당할지 장담할 수 없었다. 시벨라가 마지못해 고개를 끄덕였다.

"정 그렇다면 열어봐요."

기사가 옷장의 오른쪽 문고리를 잡았다. 잠시 시벨라의 눈치를 살피던 기사가 문을 확 열어젖혔다. 그곳에는 시벨라의 외출용 의상들이 걸려 있었다. 기사가 실망스런 표정으로 옷들을 마구 뒤적였다. 하지만 아무것도 발견할 수 없었다.

시벨라가 불쾌한 듯 말했다.

"확인했으니 이제 나가줘요."

기시가 이번엔 왼쪽 문고리를 잡았다.

"죄송하지만 아직 이쪽을 확인해보지 못했습니다."

"하지만……."

시벨라가 말릴 틈도 없이 문이 열렸다. 이번에도 침입자는 발견되지 않았다. 옷장 안에는 몇 벌의 잠옷만이 걸려 있을 뿐이었다. 기사가 잠옷을 들추고 안을 보려고 했다.

"보자보자 하니 건방지구나!"

시벨라가 날카롭게 소리치자 기시가 움찔했다.

"국왕께서 포로로 잡혀 있는 지금, 나는 예루살렘 왕국의 유일한 통치자다. 일개 기사 따위가 무엄하게도 그런 여왕의 잠옷을 더럽히겠단 말이냐?"

"아아…… 그런 것이 아니라……."

기사가 도움을 청하듯 병사들을 보았다. 병사들도 이번만은 기사가 너무한다고 생각했는지 시선을 피했다. 기사가 옷장 문을 닫고 여왕에게 머리를 조아렸다.

"무례했다면 용서하십시오. 전하의 안전을 위해서 그리한 것입니다."

"알았으니 물러가라."

"예…… 옙!"

젊은 기사와 병사들이 물러가자마자 시벨라는 깊은 한숨을 내쉬었다. 이지와 살라딘이 옷장 문을 열고 나왔다. 이지가 시벨라에게 다가와 환하게 미소 지었다.

"고마워요, 시벨라. 당신이 우릴 배신하지 않을 줄 알았어요."

"믿어줘서 오히려 고마워요, 이지 양."

이지가 할 말이 없느냐는 듯 살라딘을 힐끗 보았다.

"왜?"

"사과 한 마디 하지?"

"내가 왜 사과를 해?"

"으이그…… 똥고집!"

"뭐라고?"

이지와 살라딘이 한 판 붙으려는데, 시벨라가 재빨리 돌아섰다.

"서둘러요. 들키기 전에 성을 빠져나가야 한다고요."

7
너와 나의 오아시스

몇 번의 아슬아슬한 위기를 시벨라 덕분에 무사히 넘기고, 이지와 살라딘은 북쪽 성벽 아래의 오물구덩이 앞에 도착했다. 구덩이를 내려다본 시벨라가 손가락으로 코를 틀어쥐었다.

"윽! 여긴 정말 지독하군."

이지가 메슥거리는 표정으로 말했다.

"여길 또 들어가야 한다니…… 차라리 지옥으로 떨어지는 게 나을지도."

시벨라가 아쉬운 듯 이지의 손을 잡았다.

"잘 가요, 이지 양. 우리 언젠가는 편안하게 앉아서 차를 마셔요."

잠시 망설이던 이지가 설득조로 말했다.

"시벨라, 내가 보기에도 이 성은 더 이상 버티기 힘들어요. 차라리 지금 살라딘에게 항복하는게 낫지 않을까요?"

시벨라가 말없이 살라딘을 돌아보았다. 살라딘도 무언가 기대하는 듯한 눈으로 그녀를 보았다. 하지만 시벨라는 고집을 꺾지 않았다.

"우리는 예루살렘에 너무 많은 것들을 묻었어요. 유럽에서 이루지 못한 꿈, 함께 낯선 땅으로 건너온 가족들의 시체, 그리고 새로이 태어난 아이들의 미래까지도."

"정말 고집불통이로군!"

살라딘이 더 이상 참을 수 없다는 듯 버럭 고함쳤다. 살라딘이 성난 얼굴로 시벨라에게 바싹 다가섰다.

"당신의 그 고집이 당신은 물론 당신의 백성들까지 활활 살라버릴 거야."

입을 꾹 다물고 살라딘의 눈을 들여다보던 시벨라가 서글프게 중얼거렸다.

"이제 그만 떠나도록 하세요."

"좋아, 원한다면 사라져주지!"

살라딘이 찬바람을 일으키며 물웅덩이 쪽으로 돌아섰다.

쉬이익-

밤공기를 가르며 화살이 날아든 것은 그때였다. 화살은 정확히 살라딘의 뒤통수를 노리고 있었다.

"안 돼!"

시벨라가 부웅 몸을 날려 살라딘을 막아섰다.

퍼억!

화살이 가차 없이 그녀의 어깻죽지에 박혔다.

"꺄악!"

비명을 지르는 시벨라를 살라딘이 홱 돌아보았다. 살라딘이 반사적으로 넘어지는 그녀를 끌어안으며 함께 구덩이로 떨어졌다. 이지가 고개를 돌려 앞을 보았다. 활을 든 병사 몇이 달려오는 게 보였다. 이지도 구덩이 속으로 몸을 날렸다.

성 밖으로 나오자마자 살라딘은 시벨라를 안고 이지와 함께 군영을 향해 달려갔다. 시벨라를 치료하기 위해서였다. 그런데 시벨라가 살라딘의 팔을 잡았다.

"무슬림 군영으로 가고 싶지 않아요."

"왜 그러오?"

"이래봬도 나는 예루살렘 왕국의 여왕이라고요. 무작정 적진으로 들어가면 내가 포로로 잡힌 줄 알고 성은 스스로 무너질 거예요."

"화살은 뽑아야 할 것 아니오?"

"술탄께서 해주세요."

"내가?"

이마에 땀이 송글송글 맺힌 시벨라의 얼굴을 곤란한 듯 보던 살라딘이 고개를 끄덕했다.

"알았소."

이지가 걱정스럽게 물었다.

"정말 혼자 치료할 수 있겠어?"

"근처에 깨끗한 오아시스가 있어. 일단 그곳으로 가자."

세 사람이 빠른 말을 타고 오아시스를 향해 달렸다.

한참을 달린 끝에 세 사람은 사막 한복판의 작은 오아시스에 도착했다. 말에서 내리자마자 이지가 준비해온 모포를 깔았다. 살라딘이 시벨라를 모포 위에 조심스럽게 눕혔다. 이지가 그녀의 웃옷을 벗기고, 깨끗한 물로 상처 부위를 씻는 동안 살라딘은 불을 피웠다. 그리고 단검을 불 위에 올려놓았다.

"이걸 물고 있어요."

살라딘이 그녀의 입에 헝겊을 물려주었다.

"각오는 됐소?"

헝겊을 문 채 시벨라가 고개를 끄덕였다. 살라단이 화살대를 잡으며 맞은편에 앉은 이지에게 부탁했다.

"이지는 시벨라가 움직이지 못하도록 해줘."

"알았어."

콰악!

"흐읍!"

살라딘이 화살을 힘껏 당기자 시벨라가 비명을 삼켰다. 살라딘이 팔을 부들부들 떨며 화살을 뽑아내려 사력을 다했다. 시벨라는 이가 부서지도록 헝겊을 앙 물고 있었다. 이마에 파란 핏줄이 돋은 것으로 보아 그녀가 얼마나 극심한 고통에 시달리는지 이지는 충분히 알 수 있었다.

"살라딘, 제발 빨리……."

"나도 최선을 다하고 있다고."

촤아악!

"으아악!"

살라딘 화살촉을 완전히 뽑아내는 순간, 시벨라가 비명을 내질렀다. 땀투성이로 변한 시벨라를 살라딘이 와락 끌어안았다.

"미안하오. 그대를 다치게 해서 미안하고, 아프게 해서 미안하오."

"나, 난 이제 괜찮아요."

살라딘의 품에 안겨 시벨라가 애써 미소 지었다. 오랫동안 숨겨왔던 감정을 드러내는 두 사람을 지켜보며 이지도 흐뭇하게 웃었다. 하지만 섭섭한 마음이 드는 것은 어쩔 수가 없었다. 시벨라가 문득 이지에게 미안한 눈빛을 보냈다. 이자가 손을 내저으며 자기는 신경 쓰지 말라는 신호를 보냈다. 이지가 입만 벙긋거려 "우린 실은 약혼한 사이가 아니에요." 라고 말했다. 시벨라도 예상하고 있었던 듯 고개를 끄덕였다.

두 사람을 방해하지 않도록 이지가 살금살금 뒷걸음질로 물러나 야자나무 뒤편에 주저앉았다.

살라딘이 시벨라의 어깨에 붕대를 감아주며 다정하게 말했다.

"나도 당신도 온몸이 땀에 젖었어. 우리 잠시 물에 들어갈까?"

너와 나의 오아시스

"좋아요."

살라딘이 시벨라를 안고 조심스럽게 오아시스 안으로 들어갔다. 낮 동안 덥혀졌던 물은 온천처럼 따뜻했다. 그 물속에 살라딘과 시벨라는 가슴까지 담그고 앉았다. 시벨라가 살라딘에게 등을 기댄 채였다. 고개를 들어 보니 사막의 하늘에선 무수한 별이 영롱하게 빛을 발하고 있었다. 어디선가 특별한 의미를 품은 바람이 불어와 두 사람의 뺨을 스쳤다. 사막 저쪽에서 이름을 알 수 없는 벌레가 가녀리게 울었다. 밤이 지나고 새벽이 올 때까지 두 사람은 단 한 마디의 말도 하지 않았다. 하지만 살라딘과 시벨라는 이미 마음속으로 수천 마디의 대화를 나누고 있었다.

야자수 밖으로 배꼼이 얼굴을 내밀고 두 사람을 지켜보며 이지는 그것을 느낄 수 있었다.

"으응……."

무언가 자신의 얼굴에 자꾸 뽀뽀를 하는 것 같은 느낌에 이지는 간신히 눈을 떴다.

"……!"

눈을 동그랗게 뜬 이지의 콧등 위에 앉아 연신 혀를 날름거리는 것은 사막 도마뱀이었다.

"꺄아악!"

이지가 비명을 지르며 벌떡 일어섰다. 한동안 숨을 헐떡이던 이지는 자신이 오아시스의 모닥불 옆에서 쓰러져 자고 있었음을 깨달았다.

"살라딘과 시벨라는?"

주변을 두리번거리던 이지가 멈칫했다. 심상치 않은 분위기를 풍기며 마주서 있는 살라딘과 시벨라를 발견했기 때문이다.

"어제 밤까지만 해도 로맨스영화 한 편 찍을 것 같더니, 대체 왜들 저러지?"

살라딘이 화를 참는 목소리로 말했다.

"그래서…… 지금 당장 예루살렘 성으로 돌아가겠다는 거야?"

"그래요."

"결국 다시 전쟁을 벌이겠다는 거네?"

"술탄께서 군대를 물리지 않는 이상 어쩔 수 없는 노릇이죠."

"예루살렘 함락은 피할 수 없는 일인데, 왜 자꾸 고집을 부리지?"

"우리가 예루살렘을 포기할 수 없는 이유에 대해선 여러 번 설명했어요."

이를 악물고 부들부들 떨던 살라딘이 냉담한 목소리로 말했다.

"가고 싶으면 가. 하지만 당신이 성으로 돌아가는 순간, 지난 밤 우리의 추억도 함께 사라진다는 사실을 명심해."

서글픈 표정으로 살라딘을 응시하던 시벨라가 애써 미소를 지었다.

"원한다면 잊도록 하세요. 저는 추억을 영원히 가슴에 담아두고 살아갈 테니까요."

그 말을 마지막으로 시벨라가 돌아섰다. 이지가 벌떡 일어나 그녀의 앞을 막았다.

"시벨라, 이렇게 가면 안 돼요."

"내가 돌아가지 않으면 기독교도들은 여왕으로부터 버림받았다고 생각할 거예요."

"시벨라……."

눈물을 참고 있는 듯한 시벨라를 보며 이지는 더 이상 말릴 수가 없었다.

성을 향해 멀어지는 시벨라의 뒷모습을 이지와 살라딘이 멍하니 바라보며 서 있었다. 살라딘이 이를 악물며 중얼거렸다.

"오늘 일몰 때까지 항복하지 않으면 다시 성을 공격할 거야."

둥- 둥- 둥- 둥-

노을이 깔리기 시작한 사막에 북소리가 울려 퍼졌다. 살라딘이 이끄는 수만의 무슬림 군대가 대형 투석기를 앞세운 채 예루살렘 성을 향해 천천히 진격하고 있었다. 살라딘이 이지와 함께 앞으로 나서자, 북소리가 뚝 그쳤다. 숨 막힐 듯한 정적 속에 살라딘이 고개를 들고 성벽을 뚫어져라 쳐다보았다. 성벽 위에 우뚝 버티고 서 있는 시벨라의 모습이 보였다.

"시벨라…… 기어이 내게 칼을 겨누겠다면 대가를 치르도록 해주마."

살라딘이 검을 번쩍 쳐들었다. 동시에 대형 투석기들이 집채만 한 바윗덩이를 날리기 시작했다. 바위들이 꽂히며 이미 약해질 대로 약해진 성벽 전체가 흔들렸다. 충분히 바위를 퍼부었다고 생각한 살라딘이 다시 검을 쳐들자, 이번에는 수천 명의 궁수들이 열을 맞춰 앞으로 나왔다. 십열 횡대로 늘어선 궁수들이 하늘을 향해 일제히 활을 쳐들었다.

슈슈슈슈슈슉-

잠시 후, 궁수들이 쏜 화살이 붉은 하늘을 뒤덮으며 성을 향해 날아갔다. 노을빛을 받은 화살들도 붉게 반짝였다. 성벽 위의 시벨라와 병사들이 방패를 머리 위로 쳐들었다. 하지만 모든 화살을 막을 수 있었던 것은 아니다. 몇몇 기독교 병사들이 비명을 지르며 성벽 아래로 떨어졌다. 이지가 바로 옆의 살라딘을 다시 한 번 설득했다.

"제발 공격을 멈춰, 살라딘."

"대체 어쩌란 말이야?"

"이미 기독교 국가의 거의 모든 영토를 차지했잖아. 성 하나 정도는 시벨라와 그녀의 백성들에게 남겨줘도……."

"예루살렘은 우리 무슬림들에게도 성지야. 이교도에게 빼앗긴 성지를 되찾는 게 나와 삼촌의 마지막 계획이었다는 걸 잊었어?"

더 이상 설득할 수 없다고 판단한 이지가 절망적인 표정을 지었다.

'이러다가 시벨라에게 좋지 않은 일이라도 생긴다면……?'

이지가 걱정스런 눈으로 성벽 위에서 검을 휘두르며 부하들을 독려 중인 시벨라를 올려다보았다. 만약 그런 일이 생긴다면 가장 큰 고통을 받는 사람은 아마 살라딘일 것이다. 이지가 보기에 살라딘과 시벨라 모두 대단한 고집쟁이들이었다. 그리고 두 사람 다 어깨 위에 지나치게 무거운 짐을 짊어지고 있었다. 그 무게감이 두 사람으로 하여금 서로에게 양보하지 못하도록 만드는 것이다.

"무슬림 전사들이여, 예루살렘을 되찾자!"

"와아아아!"

이지가 상념에 빠져 있을 때, 살라딘이 직접 말을 몰고 돌격하기 시작했다. 술탄이 앞장서자 무슬림 병사들은 용기백배했다. 이지도 황급히 살라딘을 쫓아갔다.

"같이 가!"

그때부터 무슬림 병사들과 기독교 병사들 간의 최후의 혈전이 벌어졌다. 한 치도 물러서지 않는 처절한 싸움이었다. 성벽은 노을보다 더 붉게 물들었다. 누군가의 소중한 자식이고, 어느 신의 소중한 어린 양인 병사들이 피를 뿌리며 쓰러졌다. 살라딘이 직접 이끌고 있는 무슬림군은 강했지만 시벨라가 지휘하는 기독교군도 끈질겼다. 전투는 이틀 밤낮이 지나도록 계속되었다. 그리고 사흘째 새벽, 마침내 승부에 결정적인 영향을 미칠 사건이 터졌다. 투석기 공격을 견디지 못한 성벽 한쪽이 허물어져 내린 것이다.

쿠콰콰콰쾅!

"으악!"

"크아악!"

무서운 굉음과 함께 수백 명의 기독교 병사들이 성벽의 잔해에 파

묻혔다. 흙먼지가 자욱이 피어오르는 뻥 뚫린 성벽 사이를 이지와 살라딘이 온몸이 피와 땀으로 젖은 부하들의 맨 앞쪽에서 바라보았다.

"전군……."

"기다려줘! 제발!"

돌격 명령을 내리려는 살라딘의 팔을 이지가 붙잡았다.

"이제 곧 저 뚫린 성벽 사이로 백기를 든 시벨라가 나타날 거야."

"흐음."

기독교도들을 지탱해주던 최후의 보루인 성벽이 무너졌으니 이지는 시벨라가 더 이상 버티지 못하고 항복할 것이라고 믿었다. 살라딘도 같은 생각을 한 듯 이지의 손을 뿌리치거나 하지는 않았다. 잠시 후, 자욱한 흙먼지를 뚫고 정말 시벨라가 나타났다.

"아……!"

반색하던 이지의 표정이 금방 굳어졌다. 시벨라의 손에는 항복을 표시하는 깃발 대신 검이 들려 있었던 것이다.

"후욱…… 후욱……."

거친 숨을 몰아쉬는 그녀의 양옆으로 기독교 병사들과 주민들이 하나둘 나타났다. 그들은 검과 도끼 혹은 몽둥이로 무장한 채였다. 시벨라와 기독교인들의 얼굴에는 최후까지 싸우겠다는 비장한 결의가 일렁이고 있었다.

"설마 아직도 포기하지 않겠다는……?"

질린 듯 중얼거리는 이지 옆에서 살라딘이 검을 휘두르며 짓쳐나갔다.

"전군 돌격!"

이지가 말릴 틈도 없이 무슬림 병사들이 시벨라 등을 향해 달려갔다. 성벽 사이의 좁은 통로에서 고작 수천의 기독교도들이 수만의 무슬림 군대를 맞이했다. 사방에서 칼 부딪치는 소리와 끔찍한 비명소리가 울려 퍼졌다. 하지만 기독교도들은 물러서지 않았다. 이곳을 무덤으로 삼기로 작정한 듯 맹렬히 싸웠다. 사막 저편에서 해가 떠오르기 시작했다. 풍성한 햇빛도 사람들의 광기를 말리지 못했다. 사람들은 증오심에 차 죽이거나 죽임을 당했다.

채앵!

살라딘과 시벨라의 검이 부딪치며 파란 불꽃이 튀었다. 칼날을 붙인 채 두 사람이 서로의 얼굴을 쏘아보았다. 살라딘이 이를 악물며 내뱉었다.

"그만 항복하시지. 당신들은 어차피 졌어."

"패배를 강요하겠다면 차라리 죽겠어요."

"정말 지독하군."

살라딘과 시벨라가 단숨에 수십 합을 주고받았다. 사납게 검을 휘두르는 살라딘에게 밀려 뒷걸음질을 하던 시벨라가 엉덩방아를 찧고 말았다.

"이익!"

"움직이지 마!"

이를 악물며 일어서려는 그녀의 눈앞에 살라딘이 검을 들이댔다. 어깨를 들썩이며 시벨라를 바라보던 살라딘이 착 가라앉은 소리로 말했다.

"항복 조건을 말해줄 테니 잘 들어주길 바라."

"……."

"예루살렘은 무슬림 군대가 관할하지만 내가 발급한 통행증을 받은 기독교 순례자와 상인들은 언제든 자유롭게 출입할 수 있어. 유럽으로 돌아가고 싶어 하는 기독교도들은 트리폴리 항구까지 안전하게 배웅해줄 것이고, 정착을 원하는 기독교도들은 술탄의 지배 아래 무슬림들과 동등한 대우를 받게 될 거야. 혹시 더 필요한 게 있다면 얼마든지 얘기해. 나는 이제야 당신의 말을 들어줄 준비가 된 것 같으니까."

"아아……!"

긴장된 눈으로 지켜보던 이지가 반색하며 시벨라를 돌아보았다. 굳어 있던 시벨라의 얼굴이 조금씩 풀리고 있는 게 느껴졌다. 시벨라가 이지의 부축을 받으며 일어섰다. 그녀가 이제는 성벽 안쪽으로 밀려나 마지막 저항 중인 자신의 기독교도 병사들과 주민들을 둘러보았다. 그녀가 검을 쳐들며 외쳤다.

"기독교도들이여, 싸움을 멈춰라! 우리는 이제 명예로운 적 살라딘에게 항복할 것이다!"

그 한 마디로 싸움은 끝났다. 어떻게 누군가의 말 한 마디로 그 지독한 살육전이 끝날 수 있는지 이지는 신기하기만 했지만, 어쨌든 무의미한 전투가 중단된 것은 다행스러운 일이었다. 기독교도들은 칼을 버렸고, 이슬람교도들은 함성을 질렀다.

"와아아아!"

"산은 위대하도다!"

그러나 함성은 오래 가지 못했다. 살라딘의 명령 때문이었다.

"우리는 정복자가 아니라 친구로서 예루살렘에 입성한다. 검은 집어넣고, 깃발은 땅을 향하도록. 적개심을 거두고 최후까지 용감했던 적에게 경의를 표하라. 그리고 친구의 집을 방문한 손님처럼 행동하라. 무슨 뜻인지 알겠는가?"

감히 술탄의 명령을 거부할 무슬림은 없었다. 살라딘이 성으로 행군하는 무슬림들의 맨 앞에 섰다. 기독교도 주민들을 안심시키기 위해 살라딘은 자신의 오른편에 시벨라를 세웠다. 그리고 왼편에는 이지를 세웠다. 실로 수십 년 만에 꿈을 이루고 성지를 탈환했지만 살라딘의 표정은 겸손했다.

살라딘의 의사들은 술탄의 명에 따라 무슬림들과 기독교도들을 동등하게 치료해주었다. 성안 여기저기 쓰러져 치료받고 있는 무슬림들과 기독교도들 사이를 살라딘과 시벨라와 이지가 나란히 걸었다. 언제 철전지 원수처럼 싸웠냐 싶게 다른 종교를 믿는 사람들이 서로의 물을 나눠 마셨다.

"윽!"

이지가 갑자기 옆구리를 쿡 찌르자 살라딘이 움찔했다.

"왜 또?"

눈을 치켜뜨는 살라딘을 돌아보며 이지가 픽 웃었다.

"이걸로 완전히 용서해줄게."

"뭘?"

"다마스쿠스에서의 일 말이야."

이지가 어린 술탄의 얘기를 꺼내자 살라딘의 표정이 어두워졌다. 이지가 안심하라는 듯 미소를 지었다.

"그때는 예루살렘에 모든 무슬림교도와 모든 기독교도가 평화롭게 어울려 살 수 있는 낙원을 건설하겠다는 살라딘의 꿈을 믿지 않았지. 하지만 이제는 믿을 수 있어. 그래서 그때의 일을 완전히 용서해주겠다는 거야."

살라딘이 정색하며 대답했다.

"고마워. 너의 용서가 내겐 최고의 칭찬이야."

"헤헤."

살라단이 문득 걸음을 멈추고 시벨라를 향해 돌아섰다. 시벨라도 살라딘의 얼굴을 보았다. 두 사람은 한동안 말없이 서로의 눈을 들여다보았다. 먼저 입을 연 쪽은 살라딘이었다.

"시벨라에게도 사과하고 싶어."

"당신은 오늘 제게 너무 많은 은혜를 베풀어 주셨어요. 그런데 사과라뇨?"

"내가 조금만 더 일찍 자존심을 꺾었더라도 헛된 희생을 줄일 수 있었을 거야."

"살라딘……."

"이곳 예루살렘에 우리만의 새로운 왕국을 세우자. 그 왕국에선 무슬림들과 기독교도들이 서로를 존중하며 평화롭게 살아갈 거야."

"나도 힘껏 돕겠어요."

살라딘과 시벨라 사이에는 이제 행복한 일만 남아 있는 것처럼 보였다. 휴우, 이제 언제라도 떠날 수 있겠군. 이지가 한숨을 푹 쉬었다.

하지만 세상 일이 다 그렇듯 좋은 일 뒤에는 반드시 나쁜 일이 따르는 법이다. 살라딘과 시벨라의 운명을 갈라놓을 불길한 징조는 며칠 후 밤, 예루살렘의 후미진 선술집 안에서 벌어졌다.

"으하하! 잘한다, 막심!"

"핫산, 이번에도 지면 알지?"

늦은 밤, 선술집 안에서 왁자한 웃음소리가 흘러나왔다. 달착지근한 포도주 냄새로 가득 찬 선술집 한복판 탁자 위에서 독일 출신의 건장한 청년 막심과 바그다드 출신의 뚱뚱한 사내 핫산이 팔씨름을 벌이고 있었다. 막상막하의 대결을 벌이는 두 사람 주변에는 얼마 전까지 피비린내 풍기는 전투를 치렀던 무슬림 병사들과 기독교도 병사들이 판돈을 흔들며 소리를 질러대고 있었다. 정확히 무슬림이 일곱, 기독교도가 셋이었다.

콰앙!

이때 핫산이 손등이 요란하게 탁자 위에 처박히며 오랜 승부에 마침표를 찍었다. 승리한 막심이 의자 위로 올라가 요란하게 웃어젖혔다.

"우하하하! 이슬람의 돼지들아, 이제야 우리 기독교도들의 무서움을 알겠느냐?"

"……."

순간 무슬림들의 표정이 딱딱하게 굳었다. 며칠 전, 무슬림이 성을 장악했지만 양쪽 병사들은 잘 지내는 중이었다. 술탄 살라딘의 지엄한 명에 의해 무슬림들은 정복자 행세를 할 수 없었다. 막심도 평소 무슬림들에게 불만 따윈 없었다. 문제는 술이었다. 꼭지까지 취해버린 그의 입에서 마음에도 없는 말이 튀어나와버린 것이다.

가뜩이나 판돈을 잃어 열이 받은 핫산이 잔을 들어 막심의 얼굴에 술을 뿌려버렸다.

"우리가 돼지면 돼지한테 잡아먹힌 너희는 대체 무엇이냐?"

"큭큭큭큭!"

"벌레라고 불러야 하나?"

핫산과 무슬림들이 분노로 벌벌 떠는 막심을 가리키며 킥킥거렸다.

"이 자식들, 죽여버린다!"

화를 참지 못한 막심이 검을 뽑았다. 이것이야말로 막심의 치명적 실수였다. 술 취한 그의 칼이 상대에게 닿기도 전에 핫산의 검이 목을 꿰뚫었다.

"으아아! 무슬림들이 약속을 깨고 기독교도를 죽였다!"

"이 새끼들 몽땅 해치워!"

흥분한 두 명의 기독교도가 차례로 검을 뽑았다. 그러나 그들 둘이 일곱의 무슬림을 당해낼 순 없었다. 오래지 않아 화기애애하던 선술집은 끔찍한 살육장으로 변하고 말았다.

이 사건은 예루살렘 성 전체에 지대한 영향을 미쳤다. 술탄 살라딘의 화해 정책에 반신반의하던 기독교도들의 마음이 완전히 돌아서버린 것이다. 살라딘이 친히 재판을 열어 현장에 있었던 무슬림 병사들을 모조리 처형했지만 불안은 가라앉지 않았다. 이 사건 전에는 예루살렘의 기독교도 중 팔할이 남겠다고 했는데, 사건 후에는 팔할이 유럽으로 돌아가겠다고 했다. 우연히 벌어진 이 불행한 사건은 결국 살라딘과 시벨라의 운명에도 엄청난 영향을 미치고 말았다.

"예루살렘을 떠나겠다니, 그게 무슨 말이지?"

햇살 좋은 가을 아침, 살라딘을 중심으로 이지와 시벨라가 둘러앉아 식사 중이었다. 그런데 시벨라가 갑자기 떠나겠다고 선언한 것이다. 놀라기는 이지도 마찬가지였다.

"대체 왜 그래요, 시벨라? 이곳에서 살라딘과 함께 살기로 했잖아요?"

시벨라가 우울한 표정으로 대답했다.

"당연히 그럴 생각이었어요. 그리고 그때는 많은 기독교도들도 함께 남기로 했었죠. 그런데 이제는 거꾸로 기독교도들의 팔할이 성을 떠날 준비를 하고 있어요. 그들은 광활한 사막을 가로질러 머나먼 트리폴리까지 행군해야 해요. 그리고 그곳에서 다시 배를 타고 키프로스까지 가야 하죠. 그런 다음 다시 배를 타고 유럽으로 돌아가는 거예요. 너무 멀고, 너무 위험한 여정이기에 그들만 보낼 순 없어요."

"그, 그렇지만……."

이지가 선뜻 뭐라고 못하고 살라딘을 보았다. 살라딘이 억지로 미소를 지었다.

"나의 병사들이 당신의 백성들을 목적지까지 안전하게 데려다줄 거야."

시벨라가 고개를 저었다.

"며칠 전의 사건으로 기독교도들은 더 이상 무슬림 병사들을 믿지 않아요. 기독교도들은 병사들이 사막 한복판에서 자신들을 해치울 거라고 생각할 거예요."

"그렇다고 우리가 헤어질 수는 없어."

"돌아오겠어요. 백성들을 기독교도들의 영토인 키프로스까지 데려다주고 돌아오는 데는 일, 이 년이면 충분할 거예요."

"으음……."

살라딘이 굳은 표정을 풀지 않았다. 이지는 살라딘이 허락하지 않을 거라고 생각했다. 사막을 가로지는 이 위험한 여행은 수년이 걸릴지도 모른다. 그건 너무 위험한 모험이었다.

그러나 살라딘의 입에서 예상 밖의 말이 흘러나왔다.

"무슨 일이 있어도 일 년 안에 돌아오겠다고 맹세한다면 보내줄 수도 있어."

이지가 황당한 듯 살라딘을 보았다. 시벨라는 부드럽게 미소 지었다.

"내 목숨이 붙어 있는 한, 무슨 수를 써서라도 일 년 안에 당신 곁으로 돌아오겠어요."

"당연히 그래야지."

8
위대한 승리자 살라딘

　정확히 열흘 후 아침, 이지와 살라딘은 예루살렘 성 성문 밖에서 떠나는 기독교도들을 배웅하고 있었다. 수만의 기독교인들이 짐과 가축을 챙겨 머나먼 여행길에 올랐다. 살라딘은 부하들을 시켜서 그들에게 물과 식량을 나눠주었다. 기나긴 행렬이 거의 다 성문을 빠져나왔을 때, 시벨라가 살라딘 앞으로 다가왔다.
　"나는 이제 가요."
　"그래, 잘 다녀와."
　밝게 웃는 살라딘을 보며 시벨라가 짐짓 섭섭한 표정을 지었다.
　"너무 기뻐하는 것 같지 않아요?"
　"금방 돌아올 테니까."
　"그래도 조금 섭섭한데요?"

"무사히 잘 다녀와. 일 년 안에 돌아와야 한다는 사실을 잊지 말고."

콰악!

시벨라가 살라딘을 와락 끌어안았다. 두 사람은 아무 말도 없이 한동안 그렇게 서로를 안고 있었다. 곁에서 지켜보는 이지의 눈가에 눈물이 고였다. 말은 안 했지만 두 사람이 얼마나 안타까운 마음인지 누구보다 잘 알고 있기 때문이다.

"일 년 안에 꼭 돌아올게요! 그 안에 바람 피우다 걸리면 뼈도 못 추릴 줄 알아요!"

기독교도들의 긴 행렬에 섞여 걸으며 시벨라가 손나발을 만들어 소리쳤다. 살라딘과 이지도 손을 흔들어주었다. 시벨라의 모습이 지평선 너머로 완전히 사라질 때까지 살라딘은 움직이지 않았다.

"그렇게 아쉬우면 좀 더 붙잡아 보지 그랬어?"

살라딘이 씁쓸히 웃었다.

"지루한 공성전을 치르면서 알게 됐지. 시벨라가 나만큼이나 큰 꿈을 가진 아가씨라는 사실을 말이야. 나의 꿈이 소중하면 남의 꿈도 존중해줘야 하지 않을까?"

"……."

이지가 바람에 머리카락이 살랑거리는 살라딘의 옆얼굴을 멍하니 바라보았다. 오늘따라 살라딘의 얼굴이 근사하게 느껴졌다. 이지가 갑자기 살라딘에게 헤드록을 걸었다.

"혼자 멋있는 척은 다 하고! 응? 응?"

"으앗! 갑자기 왜 이래?"

병사들이 이집트와 시리아 그리고 이제는 예루살렘 왕국까지 다스리게 된 위대한 술탄의 머리에 무엄하게도 꿀밤을 먹이는 이지를 황당한 듯 쳐다보고 있었다.

한 달 내내 뜨거운 사막을 가로지른 시벨라와 기독교도들은 사막 도시 아콘에 도착했다. 아콘에서 이주민들에게 휴식을 명령하고 자신도 마을 한복판의 우물에서 갈증을 해결하던 시벨라는 땅이 흔들리는 것을 느꼈다.

우투투투투투-!

둔중한 진동음과 함께 건물의 지붕에서 흙가루가 마구 떨어졌다. 시벨라는 처음에는 지진이라도 난 줄 알았다. 그런데 그게 아니었다. 마을 밖의 사막 저 끝자락 지평선에서 거대한 모래폭풍이 피어오르고 있었다.

"갑자기 웬 모래폭풍이……?"

폭풍을 주시하던 시벨라가 찢어질 듯 눈을 부릅뜨고 말았다. 모래폭풍 속에서 온몸을 반짝이는 투구로 감싸고, 붉은 망토를 휘날리는 수만 명의 중기병들이 달려오고 있었다. 중기병들의 갑옷 가슴팍에는 붉은 십자가가 새겨져 있었다.

"대체 어디서 저런 엄청난 병력이……?!"

시벨라가 세상을 삼켜버릴 듯이 달려오는 중기병 부대를 입을 쩍 벌린 채 바라보았다. 기병대가 마침내 마을 안으로 들어왔다. 절도 있고 당당하게 움직이는 병사들을 보며 시벨라는 이들이 매우 잘 훈련된 군대임을 알았다. 장담하건대, 이전에 어디에서도 본 적이 없는 군대였다.

이때 당당한 체격의 젊은 남자가 붉은 머리카락을 사자의 갈기처럼 휘날리며 시벨라에게 다가왔다. 자신 앞에 우뚝 버티고 서는 남자를 시벨라가 긴장된 눈으로 살펴보았다. 남자는 매우 잘생겼고, 매우 강인해 보였다. 남자의 강렬하게 빛나는 눈은 그가 평범한 신분이 아님을 말해주고 있었다. 남자가 낮지만 힘이 느껴지는 음성으로 물었다.

"혹시 예루살렘 왕국의 시벨라 여왕님?"

"그렇습니다만. 귀하는 누구신가요?"

남자가 말에서 내려 시벨라의 손등에 가볍게 입을 맞추었다.

"나는 잉글랜드의 왕 리처드요."

"사자왕 리처드……?!"

시벨라가 너무 놀라 입을 쩍 벌렸다. 사자왕 리처드! 잉글랜드의 군주로 대부분의 시간을 웨스트민스터 궁전보다는 전쟁터에서 보낸 유럽에서 가장 용맹한 왕이었다.

"전하께서 어떻게 이런 곳에……?"

"성지 예루살렘이 위태롭다는 소식을 듣자마자 프랑스 왕 필리프 2세 등과 함께 군사를 일으켜 달려오는 길이오. 아무래도 내가 한발 늦은 것 같구려."

시벨라가 간신히 고개를 끄덕였다. 풍문으로만 돌던 3차 십자군이 드디어 도착한 것이다. 몇 주 전이었다면 시벨라는 사자왕 리처드의 등장을 진심으로 반겼을 것이다. 하지만 지금은 사정이 달라졌다. 리처드는 살라딘을 위협할 수 있는 위험한 적이다.

"으음……."

고민에 빠진 시벨라를 향해 리처드가 말했다.

"백성들은 트리폴리로 보내고 여왕께선 나와 함께 예루살렘으로 갑시다. 이 리처드가 최대한 빠른 시간 안에 왕국을 찾아드리리다."

"저는 갈 수가 없습니다."

"어째서요?"

정색하는 시벨라를 리처드가 이상하다는 듯 보았다.

"백성들에게 키프로스까지 무사히 데려다주겠다고 약속했습니다."

"하지만 그보다는 왕국을 되찾는 게 급하지 않겠소?"

"아니요, 저는 약속이 먼저입니다."

"정 그렇다면야……."

리처드가 포기하려는 순간, 반갑지 않은 목소리가 들려왔다.

"당신 무사했구려?"

불안한 표정으로 돌아서는 시벨라의 눈에 느물거리며 걸어오는 기의 모습이 보였다.

"당신은 술탄에게 포로로 잡힌 줄 알았는데?"

"신의 가호로 탈출했지."

기가 씨익 웃으며 리처드에게 머리를 조아렸다.

"리처드 전하."

"오, 어서 오시오. 그렇잖아도 그대의 아내를 만났기에 부르려던 참이었소."

리처드의 친근한 태도로 보아 기는 이미 오래전에 십자군에 합류한 것 같았다. 기가 움찔하는 시벨라의 허리에 슬며시 팔을 두르며 리처드에게 말했다.

"아내도 저와 함께 예루살렘으로 향할 것입니다."

"내가 언제……?"

발끈하는 시벨라의 귀에 대고 기가 속삭였다.

"옛 부하들에게 들으니 술탄과 사랑에 빠지셨다고? 신앙심 깊은 리처드가 알면 당신을 여왕이 아니라 포로로 끌고갈걸."

야비하게 웃는 기의 얼굴을 시벨라가 이를 악물고 쏘아보았다.

"아사신을 이용해 살라딘을 암살하겠다고?"

"그렇습니다, 리처드 전하."

십자군에 합류하고 며칠이 흐른 저녁, 리처드 왕의 천막 옆을 지나던 시벨라가 우연히 이상한 소리를 엿듣게 되었다. 근위병들의 눈을 피해 천막 뒤로 돌아간 시벨라가 재빨리 귀를 갖다 댔다. 안쪽에서 리처드와 기의 은밀한 목소리가 들렸다.

"아사신이 대체 무엇이오?"

"아사신은 원래 시아파 이슬람교도들이 조직한 암살단입니다. 그들은 오래전부터 수니파 이슬람교도인 살라딘을 증오해왔습니다. 특히, 이들은 내세에 대한 믿음이 강하기 때문에 죽음 따윈 두려워하지 않습니다."

"흐음…… 그렇다면 해볼 만하겠군."

"틀림없이 성공할 겁니다."

"좋소. 이번 일만 성공하면 그대에게 예루살렘 왕국을 양도해줄 것이오."

"감사합니다, 전하."

시벨라의 얼굴이 하얗게 질려버렸다. 그녀도 아사신에 대해선 알고 있었다. 아사신은 어린 사내아이를 납치해 암살자로 키운다. 어려서부터 환각제를 먹여 환상 속에서 천국을 보게 만드는 것이다. 그러면 암살자들은 자신이 순교할 경우 천국으로 가게 될 것을 철석같이 믿게 되어 물불 가리지 않고 임무를 수행하는 것이다. 아사신이 살라딘을 노린다면 술탄의 목숨은 끝장난 것이나 다름없다. 한동안 멍하니 서 있던 시벨라가 앞쪽에 묶여져 있는 리처드의 말을 향해 달려갔다.

히히힝!

"끼럇! 끼럇!"

"멈추시오! 멈추시오!"

시벨라가 바람처럼 말을 몰고 앞을 가로막는 경비병들을 뚫고 달아났다. 소란에 놀란 리처드와 기가 뛰쳐나왔다.

"무슨 일이냐?"

"시벨라 여왕께서 갑자기 전하의 말을 몰고 진영 밖으로 도망쳤습니다!"

"뭐라고……?"

황당한 표정을 짓는 리처드 옆에서 기가 이를 갈아붙였다.

"흥! 젊은 술탄에게 단단히 빠지셨군. 전하, 제가 기병들을 끌고 가서 잡아오겠습니다."

"그렇게 하시오."

그때부터 시벨라와 기의 숨 막히는 추격전이 시작되었다. 겨울로 접어들며 더욱 건조해진 사막을 시벨라는 그야말로 필사적으로 달렸다. 살라딘에게 위험을 알리겠다는 일념에 그녀는 어떤 날은 하루 종일 먹지도 마시지도 않고 달렸다. 덕분에 기와 기마병들의 추격을 따돌릴 수 있었지만 그녀의 윤기 흐르던 금발은 생기를 잃었고, 피부도 갈라져 피가 흘렀다. 그래도 그녀는 멈추지 않았다. 마을에 들르면 물 한 모금과 밀가루 빵 콥즈 한 조각으로 허기를 달래고, 말을 갈아탄 후 곧장 달려갔다. 졸음에 겨운 눈을 간신히 치켜뜨며 시벨라는 이렇게 중얼거렸다.

"기다려요, 살라딘. 당신의 심장은 내가 지킬 테니."

"와아! 오랜만에 나오니 좋군!"

사막의 겨울도 막바지로 향하고 있었다. 시벨라를 보내고 겨우내 예루살렘 성에 처박혀 있었던 살라딘이 오랜만에 말을 타고 산책을 나왔다. 덕분에 바깥바람을 쐰 이지가 오전의 청명한 하늘을 올려다보며 코를 벌름거렸다. 살라딘이 그런 이지를 보며 빙긋 웃었다.

"시벨라가 화살에 맞았을 때 데려갔던 오아시스 기억해?"

"당연히 기억하지."

"그곳까지 경주해볼까?"

"흐음……."

망설이는 척하던 이지가 박차를 가하며 튀어나갔다.

"끼럇!"

"비겁하게!"

두 사람이 빠른 속도로 사막을 질주하기 시작했다. 아직 오전이라 이슬을 머금은 시원한 바람이 불어왔다. 기분 좋게 달리던 이지가 살라딘을 힐끗 돌아보았다.

"그런데 술탄이 호위도 없이 이렇게 멀리까지 나와도 되나?"

"오늘은 이지 네가 나의 호위야."

"좋아, 나만 믿으라고!"

한참을 달린 후에 이지가 아슬아슬하게 오아시스에 먼저 도착했다. 살라딘이 숨을 헐떡이는 이지에게 항의했다.

"이건 명백한 반칙이야."

"쳇, 핑계 없는 무덤 없다더라."

이때 저쪽에서 등에 푸른 깃발을 꽂은 다섯 명의 무슬림 기병들이 나타났다. 살짝 긴장하는 이지를 살라딘이 안심시켰다.

"괜찮아. 전령들이야."

과연 기병들은 살라딘 앞으로 다가와 무릎을 꿇었다. 살라딘이 전령들을 향해 물었다.

"어디서 오는 전령이냐?"

"아콘에서 왔습니다."

"아콘에 무슨 일이 생겼느냐?"

선두의 전령이 고개를 쳐들고 심각하게 말했다.

"잉글랜드의 국왕 리처드와 프랑스의 필리프 2세가 이끄는 3차 십자군이 상륙했습니다. 그들은 아콘을 경유해 이곳 예루살렘을 향해 파죽지세로 진군 중입니다."

"사자왕 리처드가 3차 십자군을……?!"

웬만한 일로는 놀라지 않은 살라딘이 이번만은 눈을 부릅떴다. 잠시 멍하니 전령을 내려다보던 살라단이 답답한 듯 말했다.

"정보가 좀 더 필요하다. 적의 규모는 얼마이며 무장 상태는 어떻다고 하더냐?"

"그렇잖아도 아콘을 방어하는 장군이 상세한 정보를 술탄께 바쳤습니다."

선두의 전령이 양손으로 공손히 두루마리 편지를 내밀자 살라딘이 그것을 잡으려고 허리를 구부렸다. 순간, 전령의 눈이 번뜩했다. 심상치 않은 낌새를 느낀 살라딘이 반사적으로 물러섰다. 동시에 전령이 검을 뽑으며 살라딘을 향해 돌진했다.

카앙!

전령이 찌른 검을 살라단이 칼집 째 막았다.

"무, 무슨 짓이냐?"

간신히 칼을 뽑는 살라딘을 향해 다섯 명의 전령이 일제히 덤벼들었다.

캉! 카캉!

살라딘이 정신없이 검을 휘두르며 전령들에게 맞섰다. 하지만 혼자 막기엔 전령들의 칼이 너무 예리했다. 기회를 노리고 있던 살라딘이 선두에서 달려드는 전령의 가슴을 찔렀다. 하지만 전령은 비명을 지르는 대신 씨익 웃는 것이 아닌가. 전령이 양손으로 자신의 가슴을 찌른 살라딘의 칼날을 움켜잡았다.

"이거 놔라!"

살라딘이 검을 빼내려고 해봤지만 전령은 꿈쩍도 하지 않았다. 그러는 사이 좌우편에서 네 명의 전령이 덤벼들었다. 살라딘이 눈앞에 있는 전령의 아랫배를 걷어차 가까스로 검을 빼냈지만, 이미 다른 전령들의 칼날에 옆구리와 팔뚝을 깊이 베인 후였다.

"크흐흑!"

비명을 지르며 물러서는 살라딘을 끝장내려고 전령들이 덤벼들었다.

"저리 비켜!"

촤아악!

위대한 승리자 살라딘

무방비 상태의 살라딘의 앞을 가로막으며 이지가 모래를 뿌린 것은 바로 그때였다. 눈에 모래가 들어간 전령들이 휘청거렸다. 하지만 아주 잠시 동안이었다. 억지로 눈을 뜬 전령들이 다시 악귀처럼 달려들었다.

"물러서! 물러서!"

이지가 예전에 살라딘에게서 받았던 단검을 마구잡이로 휘둘러 전령들을 막았다.

까앙!

"아악!"

오래지 않아 단검은 튀어 오르고, 이지는 비명을 지르며 엉덩방아를 찧고 말았다. 전령 하나가 이지를 바람처럼 스쳐 살라딘을 향해 짓쳐갔다. 그리고 살라딘의 가슴을 노리고 검을 똑바로 찔렀다. 살라딘의 얼굴이 절망으로 일그러졌다.

퍼억!

둔탁한 타격 음에 살라딘이 눈을 부릅떴다. 그는 자신의 가슴이 관통당했다고 확신했다. 그런데 통증이 느껴지지 않았다. 누군가 자신의 앞을 가로막고 칼을 대신 맞은 것이다. 그 누군가가 시벨라라는 사실을 깨닫는 순간, 살라딘의 가슴 밑바닥에서 무언가 뜨거운 덩어리가 화악 솟구쳤다.

"우와악!"

어디서 힘이 솟았는지 살라딘이 무지막지하게 검을 휘둘러 시벨라를 찌른 전령을 베어버렸다. 나머지 세 전령이 살라딘을 해치우려고 달려왔다. 그러나 분노가 폭발한 살라딘을 당해낼 순 없었다. 세 명의 전령이 차례로 피를 뿌리며 쓰러졌다.

"후욱…… 후욱……."

온몸에 피 칠갑을 한 살라딘이 검으로 땅바닥을 짚은 채 서서 숨을 헐떡였다. 땅바닥에 주저앉아 있던 이지가 빽 소리쳤다.

"살라딘, 시벨라를 봐!"

"!"

살라딘이 흠칫 정신을 차리고 쓰러져 있는 시벨라를 향해 비틀비틀 걸어갔다. 입가에서 가는 핏물을 흘리며 쓰러진 시벨라의 얼굴에는 핏기 한 점 없었다. 살라딘이 눈물을 참으며 시벨라를 조심스럽게 끌어안았다.

"시벨라…… 나의 소중한 사람……."

"살라딘…… 십자군이 오고 있어요."

"제발 아무 말도 하지 마."

핏물이 보글보글 샘솟는 시벨라의 가슴을 누르며 살라딘이 떨리는 소리로 말했다. 시벨라의 얼굴은 오랜 더위와 모래폭풍에 시달려 십 년쯤 더 나이가 들어 보였다.

"기가 리처드 왕의 십자군을 안내하고…… 그들이 아사신을 고용해 당신을 주…… 죽이려 한다는 사실을 알고 쉬지 않고 달려 왔어요……. 기가 쫓아왔지만 나는 잠도 자지 않고…… 먹지도 않고……

당신을 살리기 위해서……."

"그만 얘기해, 시벨라!"

살라딘이 더 이상 참지 못하고 눈물을 왈칵 터뜨렸다. 시벨라의 얼굴에서 고통은 걷히고 편안한 미소가 떠올랐다.

"살라딘, 마지막 부탁이 있어요. 내…… 내가 죽더라도 기독교도들을 미…… 미워하지 말아요……. 다른 종교를 믿는 사람들끼리 어울려 살 수 있는 낙원을 만들어서 영원히…… 영원히……."

시벨라는 말을 맺지 못했다. 그녀의 부푼 눈동자는 구름 한 점 보이지 않은 봄 하늘을 멍하니 응시하고 있었다. 사랑하는 사람의 품에 안겨 생을 마쳤기에 다행히 표정은 행복해 보였다. 이지가 눈물을 뚝뚝 흘리며 살라딘의 옆으로 기어왔.

"오…… 살라딘. 어떡하면 좋아……?"

순간 살라딘의 얼굴이 변하기 시작했다. 그의 마음을 지배하고 있던 냉철함과 자비심이 사라지며 표정이 실로 무시무시하게 변했다. 핏발 선 눈에서 섬뜩한 빛을 뿌리며 살라딘이 치유불능의 상처를 입은 맹수처럼 중얼거렸다.

"미안하지만 너의 마지막 부탁은 들어줄 수가 없을 것 같아, 시벨라. 나는 지금껏 지나치게 관용을 베풀어왔던 것 같다. 너를 내게서 앗아간 자들…… 우리의 성지를 자신들의 땅이라고 우기는 자들……, 기와 리처드가 이끌고 있는 저 십자군을 단 한 놈도 살려서 돌려보내지 않을 것이다."

시벨라의 장례를 치르자마자 살라딘은 즉시 출전했다. 무슬림 전사들의 선두에 서서 진군하는 살라딘의 표정은 어느 때보다 싸늘했다. 이지는 살라딘에게 분노를 가라앉히라고 말해주고 싶었지만 감히 그러지 못했다. 그의 슬픔과 분노를 누구보다 잘 알기에 풍성한 흰 구름이 지나가는 하늘을 올려다보며 나직이 중얼거렸을 뿐이다.

"시벨라, 부디 살라딘을 지켜줘."

사자왕 리처드가 이끄는 십자군은 앞선 십자군들과는 확실히 달랐다. 그들은 지중해 연안의 기독교도 도시들을 차례로 점령하며 예루살렘을 향해 착실하게 행군했다. 그리고 마침내 리처드가 예루살렘 근처의 중요한 항구도시 아크레까지 점령했다는 소식이 전해지자 살라딘의 분노는 하늘을 찌를 듯했다.

"아크레를 탈환하고, 사자왕을 무릎 꿇릴 것이다!"

아크레를 향해 모래폭풍처럼 진격하는 살라딘의 앞을 프랑스 왕 필리프 2세가 가로막았다. 무거운 갑옷의 가슴팍에 붉은 십자가를 새겨 넣은 이만의 프랑스 군대는 강했다. 하지만 복수심에 불타는 살라딘과 무슬림 병사들을 막을 수는 없었다. 이틀 밤낮에 걸친 치열한 전투 끝에 필리프 2세는 일만에 가까운 병력을 잃고 퇴각했다. 사막 한복판에서 말에 올라탄 살라딘이 피 묻은 검을 번쩍 쳐들었다.

"아크레로 가자!"

"우와아아아-!"

아크레 성에 주둔 중인 십자군 내부에 큰 변화가 생겼다. 살라딘의 군대가 얼마나 강한지 똑똑히 경험한 필리프 2세가 갑자기 프랑스 군대를 데리고 유럽으로 철수해버린 것이다. 다른 유럽 제후들도 슬금슬금 눈치를 살피더니 꽁지를 말고 도망쳤다. 이제 아크레 성에는 사자왕이 이끄는 이만이 약간 넘는 잉글랜드 군대만 남게 되었다. 그에 반해 살라딘이 이끄는 무슬림 군대는 십만이 넘었다. 결국 리처드는 싸워보지도 않고 아크레를 포기했다. 성 안에 갇힌 채 포위당했다간 단숨에 끝장날 수도 있다는 판단 때문이었다.

잉글랜드 군대가 물러간 저녁, 살라딘과 이지는 아크레 성에 무혈입성했다. 활짝 열린 성문을 통해 살라딘과 나란히 들어간 이지의 입에서 절망적인 신음이 새어나왔다.

"오, 신이시여……!"

아크레 성안은 온통 붉은빛이었다. 처음에 이지는 그것이 오늘따라 유난한 노을빛으로 인한 것이라고 생각했다. 그런데 아니었다. 그 불길한 붉은빛은 잉글랜드 군대에게 학살당한 아크레의 무슬림들이 흘린 피가 얼룩진 것이었다. 이지가 눈물이 고인 눈으로 살라딘을 돌아보았다.

이빨을 딱딱 부딪치며 온몸을 와들와들 떨고 있던 살라딘이 벼락처럼 소리를 질렀다.

"비열한 기독교 놈들을 용서하지 않을 것이다!"

뿌우우우우우우-

일출을 맞이한 사막에 뿔피리 소리가 길게 울려 퍼졌다. 광활한 사막을 가운데 두고 치솟은 두 개의 모래 언덕 위에 살라딘과 리쳐드가 서로를 응시하고 있었다. 리쳐드는 번쩍이는 은빛 투구에 붉은 망토를 휘날리고 있었고, 살라딘은 언제나처럼 케피야를 쓰고, 흰색 갈라비아를 입고 있었다. 각각 12세기 이슬람 세계와 기독교 세계를 대표하는 두 영웅이 역사적인 대결을 벌이려는 참이었다. 살라딘의 옆에 서서 이지는 긴장감을 참지 못하고 자꾸 마른침을 삼켰다.

"내가 이길 테니까 걱정하지 마."

낮게 깔리는 목소리를 듣고 이지가 살라딘을 흠칫 보았다. 이지의 눈을 들여다보며 살라딘이 빙그레 미소 지었다.

"시벨라를 잃고 나서 사랑하는 사람을 떠나보내는 게 얼마나 힘든 일인지 알았어. 이지가 그런 고통을 겪도록 하지는 않을 테니, 걱정하지 말라고."

"당연히 그래야지."

이지가 억지로 눈물을 참으며 고개를 끄덕였다.

살라단이 천천히 검을 뽑아 머리 위로 들어올렸다. 칼날이 햇빛을 받아 신성하게 빛났다.

"전사들이여, 형제들의 복수를 위해 진격!"

"우와아아아아!"

십만이 넘는 무슬림 전사들이 우레와 같은 함성을 지르며 술탄을 따라 언덕을 달려 내려갔다. 맞은편의 리처드와 잉글랜드 군대도 언덕을 내려오기 시작했다.

우투두두두두두두-!

서로를 향해 돌진하는 양쪽 군대의 말발굽 소리에 땅이 흔들렸다. 두 군대가 마침내 강하게 부딪쳤다. 사방에서 용맹한 함성소리와 비탄에 잠긴 비명 소리가 함께 울려 퍼졌다. 신의 대지를 비추는 햇살 속에서 신의 아들을 자처하는 인간들이 '살인하지 말라!' 는 계율을 무시한 채 신을 위한다는 명분으로 처절하게 싸우고 있었다.

아침에 시작된 싸움은 오후 늦게까지 계속되었다. 팽팽하던 싸움은 수적으로 열세인 잉글랜드 군대에 조금씩 불리하게 진행되었다.

"물러서지 마라! 너희들의 왕과 신을 위해 싸워라!"

리처드가 검을 휘둘러 무슬림 병사들을 쓰러뜨리며 소리쳤다.

"사자왕 리처드!"

분노에 찬 외침에 리처드가 고개를 돌렸다. 살라딘이 이지와 나란히 서서 리처드를 쏘아보고 있었다. 리처드가 검 끝으로 살라딘을 가리키며 씨익 웃었다.

"오, 살라딘! 그러지 않아도 만나고 싶었다."

살라딘이 리처드를 향해 빠르게 걸어가며 말했다.

"나는 자비를 베풀어 예루살렘의 기독교도들을 고향으로 돌려보냈다. 그런데 너는 왜 아크레의 무슬림들을 잔인하게 학살했지?"

리처드가 당연하다는 듯 어깨를 으쓱했다.

"그것이 신의 뜻이었으니까."

"세상의 어떤 신이 학살을 명령한단 말이냐?"

살라딘이 분노를 폭발시키며 리처드를 향해 몸을 날렸다. 머리 위에서 검을 내리치는 살라딘을 리처드가 흠칫 올려다보았다. 그리고 자신도 황급히 검을 쳐올렸다.

쨍!

두 사람의 검이 부딪치는 순간, 무언가 폭발하는 듯한 소리가 울렸다. 검이 부딪칠 때마다 시퍼런 불꽃이 작렬했다. 이지가 손에 땀을 쥐고 한 치도 물러서지 않고 격돌하는 두 사람을 지켜보았다. 힘은 리처드가 조금 더 강한 것 같았고, 예리함은 살라딘이 앞섰다.

"으아아!"

"크흑!"

리처드가 휘두른 검을 가까스로 막은 살라딘이 충격을 이기지 못하고 엉덩방아를 찧었다. 반사적으로 일어서는 살라딘을 노리고 리처드가 검을 크게 쳐들었다.

"꺄아악! 안 돼!"

순간 이지가 째져라 비명을 질렀다. 그 소리에 놀란 리처드가 순간적으로 멈칫했다. 살라딘은 그 짧은 기회를 놓치지 않았다. 리처드의 품속으로 바람처럼 파고들며 허벅지에 검을 꽂은 것이다.

"크아악!"

사자왕의 입에서 고통에 찬 비명이 터져 나왔다. 심각한 부상을 당한 리처드가 정신없이 뒷걸음질을 했다.

"퇴각하라! 퇴각하라!"

서쪽 하늘이 노을에 물들 무렵, 전투는 끝났다.

"와아아아!"

"살라딘 만세!"

환호하는 무슬림 병사들 사이로 살라딘과 이지가 나란히 걸어왔다. 우뚝 걸음을 멈추는 살라딘과 이지의 앞에는 포로로 잡힌 수천 명의 잉글랜드 병사들이 공포에 질린 채 무릎을 꿇고 있었다. 그들을 바라보는 살라딘의 눈동자에서 파란 불꽃이 타오르는 것 같았다. 이지가 불안한 눈으로 살라딘을 보았다.

"정말 이 사람들을 다 죽일 거야?"

살라딘이 냉담한 목소리로 답했다.

"이들이 시벨라를 죽였고, 아크레에서 용서받지 못할 죄악을 저질렀다. 내가 왜 이 잔인무도한 적을 용서해야 하지?"

"살라딘……."

이지는 선뜻 대답할 말이 떠오르지 않아 입술을 파르르 떨었다. 순간 살라딘이 검을 움켜쥔 팔을 천천히 쳐들었다. 무슬림 병사들이 검을 쳐든 술탄을 주시했다. 이제 저 검이 늘어뜨려지면 병사들은 무방비 상태의 잉글랜드 인들을 가차 없이 살해할 것이다. 하지만 살라딘은 검을 쳐든 팔을 부들부들 떨며 망설이고 있었다. 한참만에야 살라딘이 괴성을 지르며 땅바닥에 검을 꽂았다.

"으아아!"

모래바닥에 꽂힌 검을 살라딘과 이지와 무슬림과 기독교도들이 눈을 크게 뜨고 바라보았다. 한참만에야 살라딘이 천천히 입을 열렸다.

"복수는 새로운 복수를 잉태하는 법. 너희 기독교도들은 아크레에서 결코 용서받지 못할 만행을 저질렀으나, 나는 다시 자비를 베풀 것이다. 나의 결정이 부디 그대들을 부끄럽게 만들기를 바라노라."

믿을 수 없다는 눈으로 서로의 얼굴을 바라보던 잉글랜드 병사들이 하나둘 자리에서 일어섰다. 병사들은 한동안 혼란스런 표정으로 웅성거렸다. 이때 병사 하나가 살라딘을 향해 머리를 조아렸다. 그러자 나머지 병사들도 기다렸다는 듯 살라딘에게 머리를 조아리기 시작했다. 살라딘도 그들을 향해 가볍게 고개를 까닥였다.

이지가 벅찬 표정으로 말했다.

"살라딘, 당신이야말로 진정한 승리자야. 원한을 원한으로 갚지 않은 당신의 용기는 무슬림은 물론 기독교도들에게도 두고두고 전설처럼 전해질 거야."

"과분한 칭찬이야……, 아앗!"

빙그레 웃으며 이지를 돌아보던 살라딘이 움찔했다. 이지의 온몸이 눈부신 빛에 싸인 채 서서히 사라지고 있었기 때문이다. 살라딘이 황급히 검을 뽑았다.

"이지, 기다려! 내가 구해줄게!"

"나는 괜찮으니까 걱정하지 마, 살라딘."

이지가 미소를 지으며 살라딘을 안심시켰다.

"대체 무슨 일이 벌어지고 있는 거지?"

"나는 원래 이 세계에 속한 사람이 아니야. 나는 이제 내가 살던 세계로 돌아가려고 해."

살라딘이 서글픈 표정을 지었다.

"시벨라도 떠났는데, 너마저 떠나겠다고? 혹시 내가 무슨 잘못이라도 저지른 거야?"

"그렇지 않아. 너는 언제나 좋은 친구였어. 다만, 떠날 때가 되었기 때문에 떠나는 것뿐이야."

"네가 가지 않았으면 좋겠어."

"미안해, 살라딘. 하지만 내가 없더라도 너는 잘해낼 거야. 도저히 참을 수 없을 정도로 분노한 상태에서도 이교도들을 용서하는 너를 보며 나는 네가 진짜 강한 남자라는 사실을 깨달았어. 부디 그 너그러운 마음을 영원히 잊지 말기를 바라. 안녕, 나의 친구 살라딘……."

"이지, 기다려!"

살라딘이 손을 뻗는 순간, 이지로부터 강렬한 빛이 폭발하듯 터져 나왔다. 후폭풍에 떠밀린 살라딘이 모래바닥에 엉덩방아를 찧고 말았다. 그가 다시 고개를 들었을 때, 이지의 모습은 이미 사라지고 없었다. 한동안 멍하니 앉아 있던 살라딘이 울먹이는 소리로 중얼거렸다.

"안녕, 나의 사랑스런 친구 이지……!"

"으허억!"

비명을 지르며 이지가 벌떡 일어났다. 한동안 과거와 현실의 경계를 헤매며 이지가 멍하니 정면을 응시했다.

"살라딘……."

이지의 입에서 과거의 세계에 두고 온 친구의 이름이 새어나왔다. 단지 이름을 불렀을 뿐인데 가슴이 할퀴듯 아팠다. 그것이 단지 살라딘 때문이 아니라 주노에 대한 염려와 미안함 때문임을 알기에 이지는 더욱 마음이 아팠다.

"살라딘?"

"아랍의 영웅 아닌가?"

제니와 애니가 눈앞으로 얼굴을 불쑥 들이민 것은 바로 그때였다.

"허억!"

두 사람의 갑작스런 등장에 놀란 이지가 다시 비명을 질렀다. 그제야 이지는 자신이 필립의 집에 있다는 것을 깨달았다.

"잘 잤니?"

"어제 네가 필립에게 업혀와서 얼마나 놀랐는지 몰라!"

제니와 애니가 아직 정신을 차리지 못한 이지를 와락 끌어안았다. 이때 방문이 열리며 쟁반을 받쳐 든 필립이 들어왔다.

"어, 일어났네?"

친근하게 미소 짓는 필립의 얼굴을 이지가 복잡한 시선으로 바라보았다.

이슬람 세계의 영웅, 살라딘

중세의 이집트는 자원도 풍부한데다 전략상으로도 아주 중요한 곳이었다. 이집트를 지배하고 있던 파티마 왕조는 칼리파 알-무스탄시르(1036~1094 재위) 집권 말기부터 기울어지기 시작했고, 알-야주리 재상이 사망(1058)한 뒤로 9년 동안 무려 40명이나 되는 재상이 임명되었다. 이집트는 혼란스러웠고, 터키 용병과 수단군 사이에 당파 싸움이 치열하게 일어났다. 관료계급은 서로 반대편을 제거하기 위해 혈안이 되었으며 빈번하게 발생하는 기근과 페스트가 이집트를 더욱 쇠약하게 만들었다.

서로 권력을 차지하기 위해 다투고 있던 재상 샤와르와 다르감은 각각 시리아 왕국의 누레딘과 예루살렘의 십자군 왕에게 원조를 청했다. 누레딘은 군사를 보냈고, 십자군과의 전쟁에서 승리했으나 샤와르가 약속을 어기려 하자 그를 살해하고 만다. 파티마 왕조의 칼리파 알-아디드는 1169년, 누레딘의 대리자 시르쿠를 재상으로 임명했다. 그러나 시르쿠는 두 달 뒤에 갑자기 죽고, 그를 따라 이집트에 온 조카 살라흐 앗딘 유수프 이븐 아이유브가 뒤를 이어 재상이 되었다. 이 사람이 바로 십자군을 물리친 이슬람 세계의 구원자, 무슬림의 영웅 살라딘이다.

십자군을 물리친 영웅 살라딘은 공정하고 관대한 영도자로서 이슬람 세계에서뿐 아니라 서구에서도 많은 사람들의 존경을 받고 있다. 그의 기사도적인 행동은 이슬람 세계를 공격했던 서구에서 오히려 더 높이 평가되었다. 단테의 〈신곡〉에는 소크라테스, 플라톤과 함께 가장 가벼운 벌을 받는 고결한 이교도로 그가 등장하기도 한다.

1. 살라딘과 아이유브 왕조

살라딘은 1137년, 오늘날의 이라크 티크리트에서 쿠르드 족의 귀족인 나즘 앗딘의 장남으로 태어났다. 살라딘의 본명은 '살라흐 앗딘 유수프 이븐 아이유브'

이고, 해석하자면 "욥의 아들이며 정의로운 신앙인 요셉이라는 뜻이다.

나즘 앗 딘은 아들을 얻은 직후에 오늘날의 이라크 모술로 가서 한창 세력을 키워 나가던 장기의 휘하로 들어간다. 1146년에 장기가 사망하자 그 뒤를 이은 누레딘의 휘하에서도 나즘 앗 딘은 계속해서 출세가도를 달렸다. 살라딘은 당시 이슬람 세계의 정치 및 문화 중심지 가운데 하나였던 다마스쿠스에서 성장하였고, 굳건한 이슬람 신앙과 금욕주의적 생활 방식을 체득할 수 있었다.

1163년, 술탄의 명으로 살라딘은 숙부인 시르쿠를 수행하여 이집트 원정에 나선다. 하지만 정작 두 사람은 이 원정에 별 의욕이 없었다고 한다. 원정 6년째인 1169년에 시르쿠는 카이로에 입성하고 이집트를 정복하지만, 불과 두 달 만에 갑작스레 사망한다. 곧이어 살라딘이 이집트의 재상 자리를 이어받게 된다.

그 무렵에 파티마 왕조의 국왕이 후계자 없이 병으로 죽고 말았다. 그러자 살라딘은 이슬람교도의 최고지도자인 칼리프의 이름을 사용해 '나는 칼리프의 이름 아래 이집트를 대리 통치한다'고 선언하고 사실상 이집트의 왕이 되었다. 이것이 아이유브 왕조(1169-1252)의 시초였다.

이렇게 되자 당연히 시리아의 장기 왕조와 살라딘의 관계는 악화되었다. 장기 왕조의 술탄은 이집트 원정군을 편성했지만, 갑자기 왕비와 어린 왕자만을 남겨놓고 죽고 말았다. 살라딘은 "저는 왕자님의 충실한 신하입니다. 왕자님을 섬기기 위해 왔습니다"라고 하며 시리아로 들어가, 사실상 시리아를 차지해버렸다.

이렇게 하여 이집트·시리아의 이슬람 세력을 통합한 살라딘의 다음 목표는 바로 십자군을 물리치는 것과 성지 예루살렘의 탈환이었다.

2. 예루살렘과 1·2·3차 십자군 전쟁

예루살렘은 유대교, 기독교, 이슬람교의 성지(聖地)이다. BC 3000년대 말경, 에브스라는 가나안의 한 부족이 그 동부에 성을 지어 거주한 후 이천년이 흘러 다윗 왕이 이스라엘 왕국의 수도로 삼은 이 도시는 BC 935년에 이르러서는 유대교의 중심지가 되었다. BC 63년에 예루살렘은 로마군에 점령당했고, 로마가 기독교 국가가 되자 이번에는 유대교도들을 몰아내고 기독교 순례자로 붐비게 되었다. 그리고 다시 칠백여 년이 흘러 638년, 이슬람교로 단결한 아랍인이 예루살렘을 함락시켰고 이 도시는 이슬람교의 성지가 되었다. 이때부터 이슬람교도와 기독교도는 서로 상대편의 성지를 존중하였다.

이슬람교도들은 유대교도, 기독교도의 예루살렘 순례를 계속 인정했다. 하지만 11세기 후반, 동로마 제국과 영토 싸움을 벌이던 셀주크 투르크가 세력을 넓

히면서 동로마 제국의 영토였던 팔레스타인과 시리아를 점령했고, 이로써 그곳을 방문하는 기독교 성지 순례자에 대한 위협이 증가했다. 그러자 동로마 제국의 황제 알렉시우스 1세는 용병들을 모으기 위해 '성지 예루살렘에서 이슬람교도가 기독교도의 순례를 박해하고 있다'고 선전했다.

동로마 황제의 요청으로 1095년에 로마 교황 우르바누스 2세는 이 문제를 군사적으로 해결하자고 하며 유럽의 제후(諸侯)들에게 성전(聖戰)을 호소하였고, 이로 인해 그 유명한 십자군 전쟁이 시작된다. 당시 이슬람 세계는 셀주크 투르크의 술탄 말리크샤(1055-1092)의 사후에 이슬람 세계가 사분오열되면서 십자군의 공세에 대한 효과적인 대응이 전무한 상황이었다. 기독교도는 이 기회를 놓치지 않았다. 11세기 말, 2만의 제1차(1096-1099) 십자군은 멀리 바다를 건너 성도 예루살렘을 점령했고, 팔레스타인에 예루살렘 왕국과 안티오크 공국, 에데사 백작령, 트리폴리 백작령 등의 기독교 국가를 건설하는 성과를 거두었다.

그러나 얼마 지나지 않아 아랍 왕조의 역습이 시작되었고, 그 가운데에 아이유브 왕조의 시조 살라딘이 있었다.

1187년, 살라딘은 하틴 전투에서 기독교군에게 승리를 거두었고, 그 여세를 몰아 각지의 도시와 요새를 점령, 마지막으로 성지 예루살렘을 탈환하였다. 살라딘에게 예루살렘을 빼앗겼다는 소식이 전해지자 유럽은 큰 충격에 빠졌다. 교황 그레고리우스 8세와 그 후임자인 클레멘스 3세는 새로운 십자군 파병을 호소했고, 유럽의 여러 군주들은 앞다투어 자신들의 군사를 내주었다. 이렇게 준비된 제3차 십자군은 중세 역사상 최대 규모의 군사 이동이었다. 신성로마제국 황제 프리드리히 1세와 영국 왕 리처드 1세, 프랑스 왕 필리프 2세가 합세해 원정에 나섰다. 3차 십자군 원정은 살라딘과 리처드 1세(1157-1199)라는 중세 이슬람과 유럽의 두 영웅이 격돌했다는 점 때문에라도 각별히 주목할 만하다. '사자(심)왕'이라는 별명으로 유명한 리처드 1세는 잉글랜드 왕 헨리 2세의 아들로 당대 최고의 명성과 무훈을 자랑했으며, 살라딘은 말 그대로 이슬람 세계의 구원자로 불리는 영웅이었다.

제3차 십자군이 동쪽으로 진군하는 동안, 팔레스타인에서는 기독교 국가의 잔존 세력이 다시 한 번 결집하여 살라딘의 대군을 상대로 전투를 재개했다. 예루살렘을 빼앗긴 기 드 뤼지냥이 지휘하는 기독교도 군대는 무슬림이 장악한 항구도시 아크레를 탈환하려 육지에서 포위 공격을 가했고, 그런 기독교도 군대의 배후를 살라딘의 군대가 또다시 포위 공격했다. 살라딘은 막강한 군사력에도 불구하고 적을 쉽사리 굴복시키지 못했는데, 그런 와중에 잉글랜드의 리처드 1세와 프랑스의 필리프 2세가 지원군을 이끌고 도착함으로써 전세는 기독교도 군대 쪽에 유리하게 돌아갔다. 갑옷으로 중무장한 신규 병력에 리처드 1세라는 탁월한 지휘관까지 보유한 십자군 앞에서는 살라딘의 대군조차도 제대로 힘을 쓰지 못했다.

십자군은 1191년 7월 12일에 아크레를 함락했으며, 이듬해 7월에는 예루살렘의 코앞까지 진군했다. 그러나 리처드 1세는 그 앞에서 멈춰야만 했다. 무력으로 성도를 탈환할 가능성도 없었을 뿐더러 때마침 왕위 찬탈 음모와 타국의 침입 등 잉글랜드에 위기가 찾아왔기 때문이었다. 1192년 10월 9일, 예루살렘 해방은 끝내 이루지 못한 채 기독교도의 성도 순례와 안전을 보장하는 평화조약을 맺은 리처드 1세가 돌아감으로써 제3차 십자군 전쟁은 막을 내린다.

3. 예루살렘 탈환

1185년, 예루살렘 왕국의 보두앵 4세가 사망한 직후 예루살렘 왕국에서는 그의 매제이며 기회주의자인 기 드 뤼지냥이 약삭빠르게 왕위를 차지함으로써 지도자들 간의 내부 갈등이 증폭되었다. 이때를 틈타 살라딘은 성전(지하드)을 선포하고 팔레스타인의 기독교 국가를 향한 총공세를 펼친다. 1187년, 살라딘이 이끄는 무슬림 군은 하틴 전투에서 더위와 갈증으로 무력해진 기독교도 군대를 대파하였고, 또한 왕인 기를 포로로 삼는 쾌거를 올렸다.

이 기세를 몰아 살라딘은 아크레, 베이루트, 시돈 등 그리스도교 국가의 주요 도시를 차례로 점령했고, 1187년에는 드디어 예루살렘에 입성할 수 있었다. 예루살렘은 이슬람교의 입장에서는 메카와 메디나 다음 가는 성지였다. 제1차 십자군이 무자비한 대량 학살 끝에 예루살렘을 장악한 것과는 대조적으로, 살라딘은 그곳을 방어하던 기독교도와 협상을 벌인 끝에 무혈 입성했다. 무슬림 측에서 보자면 무려 88년 만의 감격적인 탈환이었다.

예루살렘을 탈환 후, 살라딘은 살육과 파괴를 철저히 금지시켜 무슬림 병사들에 의한 학살과 폭행이 전혀 일어나지 않게 하였다. 이것 역시 제1차 십자군이 예루살렘에서 이슬람교도와 유대교도들에게 가했던 잔인한 살생과 약탈 행위와는 너무나 대조적인 것이었다.

살라딘은 협상의 조건대로 기독교 포로들이 몸값을 치르면 풀어주었고, 가난한 자는 그 조건과 상관없이 몸값조차 받지 않았다. 살라딘은 기독교도들이 예루살렘의 주권이 그에게 있음을 인정하는 한, 기독교도들의 예루살렘 순례도 막지 않았다. 이러한 관용적인 자세가 휴전협정에도 그대로 반영되었고, 그것은 이슬람의 주권을 인정하는 한 이교도들도 보호해야 한다는 이슬람의 대원칙을 그대로 따른 것이었다.

4. 인간 살라딘

살라딘은 참된 용기와 두터운 신앙심을 가진 의로운 전쟁영웅이었다. 한편으로는 전투 중에 조카가 죽었다고 엉엉 울기도 하고 아이를 유괴당한 기독교도 어머니의 하소연에 눈물을 흘렸던 소박한 인간애의 소유자이기도 했다.

이집트의 재상이 되고 나서는 한 방울의 술도 입에 대지 않았을 뿐 아니라 매우 공정한 재판을 했으며 그의 치세 동안 이집트는 크게 번영했다. 또한 어떤 야비한 책략을 쓰더라도 한 번 한 약속은 절대 깨는 일이 없었다.

무슬림들에게 살라딘은 이상적인 군주의 전형이었으며, 본받아야 할 인간상이었다. 그런 그도 정치적으로는 야심이 많았다. 이집트 재상 시절, 살라딘은 시리아에 있던 주군 누레딘의 대리자로 이집트에 왔으면서도 누레딘의 지시대로만 움직이지 않았고, 이집트의 통치권이 완벽하게 자기 손에 들어올 때까지 기회를 신중하게 기다리기도 했다. 또 명예욕이 강해 쉽게 자신의 잘못이나 실수를 인정하지 않는 면도 있었다.

살라딘은 탁월한 군사 지도자이기도 했지만, 동시에 뛰어난 정치가이기도 했다. 물론 그렇다고 해서 포로 수백 명을 처형하거나 노예로 팔아넘기는 둥, 그 당시로서는 지극히 당연시되던 전제군주 노릇까지 굳이 마다했던 것은 아니었다. 하지만 그 외의 면에서 살라딘은 상당히 관대하고 합리적인 면모를 종종 보여주었다. 전투에 임해서는 단호하면서도 교활한 작전을 구사했지만, 때에 따라서는 타협과 외교라는 대안을 적극 이용하기도 했다. 평소에도 살라딘은 금욕적인 생활을 유지했고, 종교적 의무를 항상 앞세웠으며, 결코 정무를 게을리 하는 법이 없었다. 특히 사유재산이 없었기 때문에 사후에 장례 준비를 할 돈조차 없었다는 후일담은 그의 검소함과 청렴함을 보여주는 증거로 언급된다.

의외의 사실이지만 살라딘은 이슬람 세계보다 오히려 유럽에서 더욱 인기를 얻고 오래 기억되었다. 십자군을 소재로 한 여러 낭만적 문학작품에서 살라딘은 종종 리처드 1세의 숙적이면서도 존경할 만한 인물로 묘사되었다. 독일의 한 희곡에서는 살라딘을 지혜와 관용을 겸비한 전제군주의 모범으로 여긴 서양의 인식을 잘 보여준다.